M. Strasser, C. Buschbaum, K. Reise, D. Thieltges

Warum ist die Scholle platt?

Sylt und das Meer – Fragen und Antworten rund um die Nordsee

Windstärke Sylt Verlag
ISBN 3-00-017762-0

Sie finden hier…

Was habe ich hier gefunden?

Was ist noch interessant?

Zu diesem Buch

Wissenschaft hat nicht selten den Beigeschmack, etwas kompliziert, abgehoben und unverständlich zu sein. Um dieses Vorurteil zu widerlegen, beschreiten die Meeresforscher der Lister Wattenmeerstation des Alfred-Wegener-Institutes (AWI) seit einigen Jahren neue Wege. Dazu gehören regelmäßige Führungen durch die Forschungsstation ebenso wie eine Zeitungsserie in der Sylter Rundschau, in der Tiere und Pflanzen des Wattenmeeres porträtiert wurden.

Auf der Suche nach neuen Ideen der interessanten und unterhaltsamen Wissensvermittlung kam die Frage auf, warum man den Syltern und ihren Besuchern eigentlich vorgeben soll, was interessant ist. Wo die Erfahrung doch zeigt, dass jeder Strandspaziergang bei einem interessierten Menschen eine Fülle an Fragen aufwirft, die es nur noch kompetent zu beantworten gilt. Schon war die nächste Serie geboren: „Meer Fragen – mehr Wissen“, die sich seit Juli 2003 in den Sommermonaten großer Beliebtheit erfreute. Ziel der Zusammenarbeit von Wissenschaft und Zeitung – und auch dieses Buches – sind dabei weder Detailversessenheit noch Vollständigkeit, sondern Verständnis und Begeisterung für den Lebensraum Wattenmeer, den Nationalpark und seine Bewohner.

Egal, ob sich ein Bayer fragt, warum die Scholle eigentlich platt ist, ein Sylter Jung wissen will, wie es das Dünengras schafft, sogar durch Beton hindurchzuwachsen, oder ein Spaziergänger ein unbekanntes Fundstück bestimmt haben möchte – das Expertenteam ist um Antwort und Auflösung bemüht. Und weil sich Meeresbiologen zwar mit Monsterkrabben, aber nicht mit Versteinerungen, Seenebel oder Wolfsknochen auskennen, nutzen die AWI-Forscher die geballte Kompetenz der Partner des **Erlebniszentrum Naturgewalten** (s. Seite 84). Die können hier schon einmal für das am Lister Hafen geplante Meereszentrum üben, in dem ab 2008 der von Wasser umgebene und vom Sturm umtoste Lebensraum Sylt auf einzigartige Weise dargestellt und begreifbar gemacht werden soll.

Vorerst stellen die Leserfragen jedoch selbst die Experten manchmal vor fast unlösbare Aufgaben. So zum Beispiel als ein elfjähriger Junge ein Fundstück mit eigenartigen Schleifspuren zur Begutachtung anschleppte. Vielleicht Teil eines alten Gefäßes? Nicht ganz, wie die Prüfung ergab. Eher schon Teil eines modernen Schiffes, da das Stück aus Aluminium und die Schleifspuren Reste eines Gewindes waren. Und dann war da noch das Ehepaar, das einen ganzen Beutel voller Steine bestimmt haben wollte. Allesamt vom strengstens geschützten Morsum-Kliff. Ein Hinweis, der die „Finder" zum ebenso spontanen wie ungefragten Rückzug veranlasste.

Man sieht, die Möglichkeit Fragen zu stellen, wurde nicht nur oft, sondern auch sehr einfallsreich genutzt. Warum ist der Möwenschiss lila? Gibt es Seeungeheuer? Wie kommt das Salz ins Meer? Diese und ähnliche Fragen ließen ein ums andere Mal selbst die Verfasser staunen – und dazulernen. Entstanden ist dabei eine Zeitungsserie, deren ersten Teil Sie hier als Buch in Händen halten. Und wenn Ihnen bei der Lektüre selbst noch ein paar bislang nicht gestellte Fragen einfallen, scheuen Sie sich nicht, sich bei der Wattenmeerstation des Alfred-Wegener-Instituts in List oder bei der Sylter Rundschau in Westerland zu melden. Jede Wette: Auf Sylt gibt es einen Experten, der die richtige Antwort weiß. Und falls nicht, dann kennt er zumindest jemanden, der jemanden kennt, der wissen könnte, wer es weiß. Und der wird dann gefragt.

Und übrigens: Der Erlös dieses Buches geht vollständig in den Aufbau des **Erlebniszentrum Naturgewalten** in List. Dafür haben alle Autoren, Bildlieferanten und sogar der Grafiker auf ein Honorar verzichtet.

Viel Spaß bei der Wissen schaffenden Lektüre.

Redaktionsleiter Sylter Rundschau

Muscheln satt – ganzjährig zu genießen

Stimmt es, dass man Muscheln nur in Monaten mit „r“, also von September bis April essen darf?

Heutzutage können Muscheln das ganze Jahr über gegessen werden. Die Empfehlung, dass Muscheln nur in „R-Monaten“ gegessen werden sollen, entstand durch die früher häufig vorkommenden Eiweißvergiftungen im Sommer, da Muscheln sich in der Wärme sehr schnell zersetzen. Dank der guten Kühlung der Lebensmittel spielt dies heute keine Rolle mehr.

Und noch eine zweite Gefahr drohte besonders in den Sommermonaten: Muscheln ernähren sich von Algen. Manche einzellige Algen können Gifte produzieren, die in den Muscheln angereichert werden. Auf Muscheln wirken diese Gifte nicht, für den Menschen können sie jedoch tödlich sein. Deshalb werden die Muscheln regelmäßig vor der Ernte auf Algengifte untersucht. Mit Erfolg: Seit 50 Jahren hat es in Deutschland keine Todesfälle durch den Genuss von Muscheln mehr gegeben.

Diese Sicherheit gibt es aber nur für Muscheln im Restaurant oder aus dem Handel. Wer selber Muscheln sammelt, riskiert auch heute noch das Schicksal von Werftarbeitern im 19. Jahrhundert: Im Trockendock der Werft in Wilhelmshaven sammelten Arbeiter am 17. Oktober 1885 Muscheln, die sie und ihre Familien verzehrten. Kurz nach der Mahlzeit spürten sie einen Krampf im Hals und auf den Lippen. Die Zähne wurden stumpf, Kribbeln in Händen und Beinen traten auf sowie

Miesmuscheln – ein Hochgenuss

ein beschleunigter Puls, Sprachschwierigkeiten, Gleichgewichtsstörungen, Erbrechen und Durchfall. Vier Menschen starben in einem Zeitraum von fünf Stunden, ausgelöst durch toxische Algen.

Übrigens: Obwohl der Genuss von Muscheln heutzutage das ganze Jahr über gesundheitlich unbedenklich ist, gibt es doch Gourmets, die aus geschmacklichen Gründen den Verzehr von Muscheln im Winterhalbjahr bevorzugen. Muscheln fressen im Sommer mehr Algen als im Winter und die Algen und ihre Stoffwechselprodukte verändern die Geschmacksnote. Außerdem verändert sich der Gaumenkitzel mit der Reife der Gonaden (Geschlechtsdrüsen). Vor dem Ablaichen im Frühjahr und Sommer schmecken Muscheln anders als nach dem Ablaichen. Ob besser oder schlechter, muss jeder selbst herausfinden.

Wenn „Meeresrittern" der Kragen platzt

Wie wachsen Krebse und werden deren Scheren wirklich erneuert, wenn sie verloren gehen?

Nicht selten verlieren die im Wattenmeer heimischen Strandkrabben (*Carcinus maenas*) und Taschenkrebse (*Cancer pagurus*) im Kampf miteinander oder mit einer Möwe eine Schere oder ein Bein. Krebse sind aber in der Lage, diese wieder neu zu bilden. Nur geschieht das nicht sofort nach dem Verlust, sondern erst mit der nächsten Häutung.

Im Gegensatz zu uns Menschen, bei denen alle Körperteile bis zum Erwachsenenalter kontinuierlich größer werden, müssen sich die Krebse häuten, um zu wachsen. Sie leben in einem äußerlich starren Chitinpanzer wie ein Ritter in der Rüstung. Wenn ein Krebs wächst, wird es ihm in seinem Panzer irgendwann zu eng, ihm platzt förmlich der Kragen und er fährt aus seiner Haut.

Bei der Häutung reißt der Panzer an Sollbruchstellen auf, und der Krebs schlüpft aus seiner Behausung. Der neue Panzer ist zuerst sehr weich und wird mit Meerwasser „aufgepumpt", damit er ein größeres Volumen als der alte Panzer erlangt. Die neue Chitinhülle braucht einige Tage, um auszuhärten. Dies ist die Zeit, in der die Tiere „Butterkrebse" genannt werden – eine gefährliche Phase, denn jetzt sind die Krebse leichte Beute für Räuber. Die Häutung hat aber auch ihr Gutes, denn verloren gegangene Glieder können neu gebildet werden. Die neuen Scheren und Beine sind zuerst noch verkleinert (Bild links), erreichen aber nach einigen Häutungen ihre Ursprungsgröße.

Mit dem Alter der Krebse nimmt die Zahl der Häutungen allerdings ab. Im ersten Lebensjahr häuten sich Krebse noch mehrmals, ältere Exemplare nur etwa einmal im Jahr. Damit sinkt bei alten Krebsen die Chance, ein verlorenes Bein oder eine Schere vollständig zu ersetzen.

Foto links: Taschenkrebs mit einer normal großen Schere und einer kleinen erneuerten

Foto rechts: Helle, leere Häutungshülle eines Taschenkrebses (links) und ausgeschlüpfter Krebs nach ein paar Tagen (rechts). Der Panzer ist bereits ausgehärtet.

Wattwurm als Delikatesse

Kann der Wattwurm sein Hinterende abwerfen, wenn ein Vogel ihn fressen will?

Wenn der Wattwurm sich bedroht fühlt, kann er tatsächlich aktiv mithelfen, dass ihm nur ein Teil seines Schwanzes abgefressen wird. Er besitzt nämlich die Fähigkeit zur „Autotomie", was bedeutet, dass er aktiv das Abschnüren einzelner Segmente beschleunigen kann. Diese Fähigkeit rettet ihm oft das Leben, wenn Fische oder Vögel ihm aufgelauert haben.

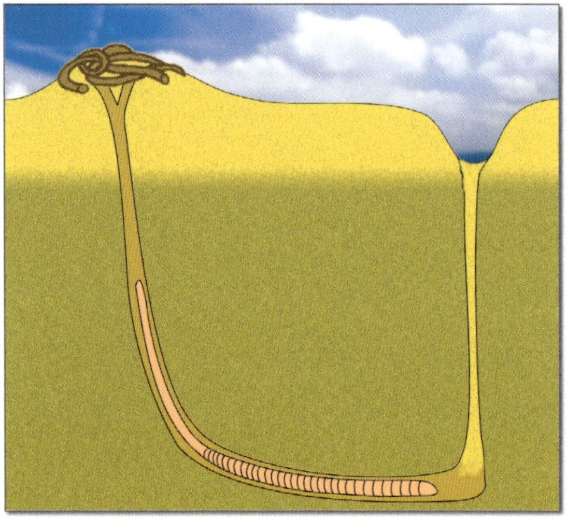

Der Wattwurm lebt in einer L-förmigen Röhre (s. Abbildung) und frisst große Mengen Sand, weil er sich von Mikroorganismen auf den Sandkörnern ernährt. Zum Ausscheiden des verdauten Sandes kriecht der Wurm rückwärts an die Wattoberfläche. Dies ist ein gefährlicher Moment für ihn, da er nun leichte Beute für gefräßige Räuber ist. Für junge Plattfische stellen gerade die Enden des Wattwurms eine wichtige Nahrungsquelle dar und nicht selten ist ihr Magen zur Hälfte mit dieser Delikatesse gefüllt. Durch seine Fähigkeit zur Abschnürung erwischen die Räuber aber häufig nur einzelne Segmente des Schwanzes und der Wattwurm selbst verschwindet rasch wieder in der Tiefe des Bodens.

Zu Beginn seines Lebens besteht der Schwanz des Wattwurmes aus knapp 100 Segmenten. Im

Abbildung links: Der Wattwurm lebt verborgen in seiner Röhre im Boden. Foto rechts: ein ausgegrabener Wattwurm.

Laufe eines Wattwurmlebens nimmt diese Zahl durch Wegfraß kontinuierlich ab. Abgefressene Segmente kann der Wattwurm zwar nicht nachbilden, er kann aber die verbliebenen Schwanzsegmente verlängern. Hat er sämtliche Schwanzsegmente abgeworfen, so ist sein Ende nah, da er nunmehr leicht von Vögeln oder Fischen erbeutet werden kann.

Die Königin der Krebse

Ich habe im Fernsehen gesehen, dass riesengroße „Monsterkrabben" die norwegische Küste bedrohen. Ist da was dran und gibt es diese Krebse auch vor Sylt?

Es gibt tatsächlich eine sehr große Krebsart, die immer mal wieder als „Monsterkrabbe" durch die Gazetten geistert. Gemeint ist die Kamtschatkakrabbe (*Paralithodes camtschaticus*), die auch als „Königskrabbe" bezeichnet wird. Mit einer Panzerbreite von über 20 cm, einer Spannweite der Beine bis zu 1,80 m und einem Gewicht bis zu 12 Kilo ist sie wahrlich ein Gigant unter den Krebstieren. Vor Sylt oder in anderen Teilen der Nordsee kommt sie allerdings nicht vor.

Ursprünglich stammt die Königskrabbe aus dem Nordpazifik. In den 1960er Jahren verpflanzten sowjetische Wissenschaftler die Krabbe jedoch vom Pazifischen in den Atlantischen Ozean, um sie im russischen Murmanskfjord als Fischereiprodukt zu nutzen. Mit dieser Aktion wurde ein Plan Josef Stalins in die Tat umgesetzt, der die Krebse bereits in den 1930er Jahren importieren wollte, um der verarmten russischen Bevölkerung Arbeit und Nahrung zu bringen.

Mittlerweile hat sich die Krabbe explosionsartig vermehrt und kommt nicht nur in russischen, sondern auch in norwegischen Gewässern in großen Mengen vor. Für viele Fischer ist die Riesenkrabbe ein Geschenk, denn sie gilt als Delikatesse und lässt sich auf dem Weltmarkt sehr gut verkaufen. Sie schmeckt ähnlich wie Hummer und soll etwa 70 Euro pro Kilo einbringen. Der größte Teil des Fangs geht nach Japan, aber auch in Deutschland und Belgien finden die Krabben guten Absatz.

Umweltgruppen und Wissenschaftler schlagen allerdings Alarm, denn über die ökologischen Auswirkungen der Krabbeninvasion ist kaum etwas bekannt. Es werden negative Auswirkungen auf die heimischen Tierbestände befürchtet, da die Riesenkrabben alles fressen, was ihnen zwischen die Scheren kommt. Sie selbst haben außer dem Menschen keine Feinde. Ein Forschungsprojekt soll nun Aufschluss über die Auswirkungen der Königskrabbe auf das Ökosystem bringen. Unklar ist auch, wie weit die Riesenkrabbe noch weiter nach Süden wandern wird. Ganz sicher wird sich die Nachricht wie ein Lauffeuer ausbreiten, sollte sie eines Tages vor Sylt gesichtet werden.

Eine Königskrabbe kann eine Panzerbreite von über 20 cm erreichen

Gut getarnt: Petermännchen

Stimmt es, dass es am Sylter Strand giftige Fische gibt?

Einige Zeitungen meldeten im Sommer 2004, dass ein Fisch in den dänischen und schwedischen Gewässern die Badeurlauber bedroht. Nicht etwa der weiße Hai war gemeint, sondern ein kleiner unscheinbarer Fisch, der sich noch dazu im Sand vergräbt, das Große Petermännchen (*Trachinus draco*). Das gefährliche an diesem Fisch ist sein Gift. Von Giftdrüsen an den Kopfseiten führen feine Kanäle in die ersten Strahlen der Rückenflosse und die Stacheln am Kiemendeckel. Wie mit feinen Kanülen kann das Gift direkt in den Angreifer bzw. den Fuß des Badenden injiziert werden. Damit verursachte Verwundungen rufen heftige Schmerzen, Entzündungen und Schwellungen hervor. Das Gift lähmt die weißen Blutkörperchen und löst die roten Blutkörperchen auf. Daher sollten Betroffene die Wunden gut ausbluten lassen.

Das Petermännchen ist auf Sandboden im Flachwasser von Marokko bis Südnorwegen verbreitet. Es bewohnt zahlreich das Mittelmeer, dringt jedoch nur in den äußersten Westen der Ostsee bis einschließlich der schleswig-holsteinischen Ostseeküste vor. In der deutschen Bucht gilt es als so selten, dass es wie auch eine weitere Art, das Kleine Petermännchen oder die Viperqueise (*Echiichthys vipera*), auf die Liste der bedrohten Arten gesetzt wurde. Vom Großen Petermännchen sind Einzelfunde an Sylter Stränden gemacht worden . Am Weststrand der Insel Sylt ist das Wasser sehr turbulent, daher scheint dieser Fisch hier nur in tieferem Wasser (über 10 m Wassertiefe) vorzukommen, wo er Badenden nicht gefährlich werden kann. Petermännchen sind also für Sylturlauber nur eine geringe Gefahr, denn die Brandung und die Unruhe durch die vielen Urlauber ist an den Sylter Stränden zu hoch. Vorsicht ist eher an der ruhigen Wattseite geboten.

Das Große Petermännchen

Für Quallen lieber salzig als süß

Stimmt es, dass es Quallen auch in Badeseen gibt?

Fast alle Quallen leben im Meer, aber es gibt in Mitteleuropa tatsächlich auch eine Süßwasserquallenart (*Craspedacusta sowerby*). Sie lebt zum Beispiel in Badeseen, Löschteichen oder Altarmen von Flüssen, wird nur zwei Zentimeter groß und ist im Gegensatz zu vielen Meeresquallen für badende Menschen vollkommen harmlos. Die Süßwasserqualle wurde in Europa erstmals 1880 in einem Becken mit Wasserlilien in einem Londoner Park entdeckt. Ursprünglich stammt sie wahrscheinlich aus Asien, aber heute ist die Qualle weltweit verbreitet.

Die Süßwasserqualle entsteht aus einem winzigen Polypen, der am Grunde der Gewässer auf Steinen oder Pflanzenteilen sitzt. Erst wenn im Sommer die Wassertemperatur über 22 Grad steigt, bildet sich an dem Polypen auf asexuellem Wege eine Knospe, aus der sich die Qualle entwickelt. Als Nahrung dienen ihr die jedem Aquarianer bekannten Wasserflöhe und andere Kleinstlebewesen.

Aber wie kommt eine Süßwasserqualle aus Asien bis nach Europa und sogar bis nach Neuseeland? Als Süßwassertier kann sie nicht durchs Meer schwimmen. Aber dem Polypen gelingt es, als „blinder Passagier“ im Gefieder von Wasservögeln zu reisen oder sich an Wasserpflanzen zu heften, die dann vom Menschen entnommen und verbreitet werden.

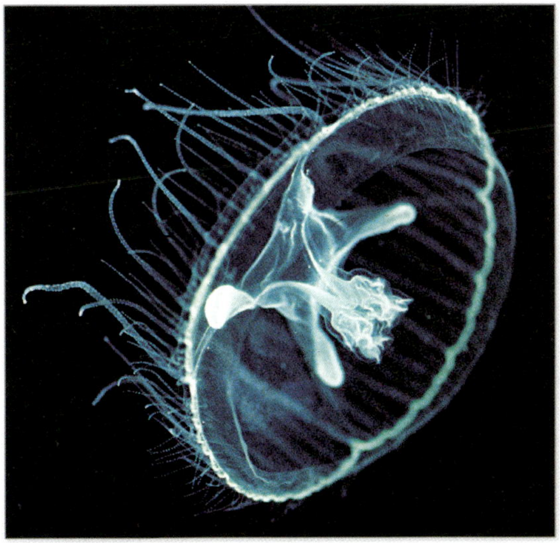

Süßwasserqualle Craspedacusta sowerby

Ein Meer aus blühenden Algen

Ist der weiße Schaum, der manchmal am Sylter Strand liegt, gesundheitsgefährdend?

Nein, der weiße Schaum ist nicht gefährlich. Hervorgerufen wird er durch eine Alge: *Phaeocystis globosa* – sie wird auch Schaumalge genannt. Diese Alge wächst ganzjährig in der Nordsee, fällt aber unter normalen Umständen nicht auf, da sie mikroskopisch klein ist.

Im Frühjahr jedoch, oft im Mai, kommt es zur explosionsartigen Vermehrung der Alge. Sie bil-

det dann kugelige oder schlauchförmige Kolonien, die von einer schleimigen Gallerthülle umschlossen sind (siehe Foto rechts). Das Wasser vor Sylt ist dann bräunlich gefärbt. Die Algenblüte kann Wochen anhalten und bricht abrupt ab, wenn nicht mehr genügend Nährsalze im Wasser sind: die Alge stirbt. Bei Sturm kann die Gallerthülle, die aus Polysacchariden (Vielfachzucker) besteht, zu Schaumbergen aufgeschlagen werden, vergleichbar mit dem Schlagen von Sahne im Küchenmixer. Dieses Phänomen kann man bei starker Brandung erleben, am Strand türmen sich dann große Schaumberge auf. Dieser Algenschaum riecht manchmal etwas streng, ist aber völlig harmlos. Die Nordseeklinik in Westerland hat in Allergietests herausgefunden, dass der Schaum völlig ungefährlich ist.

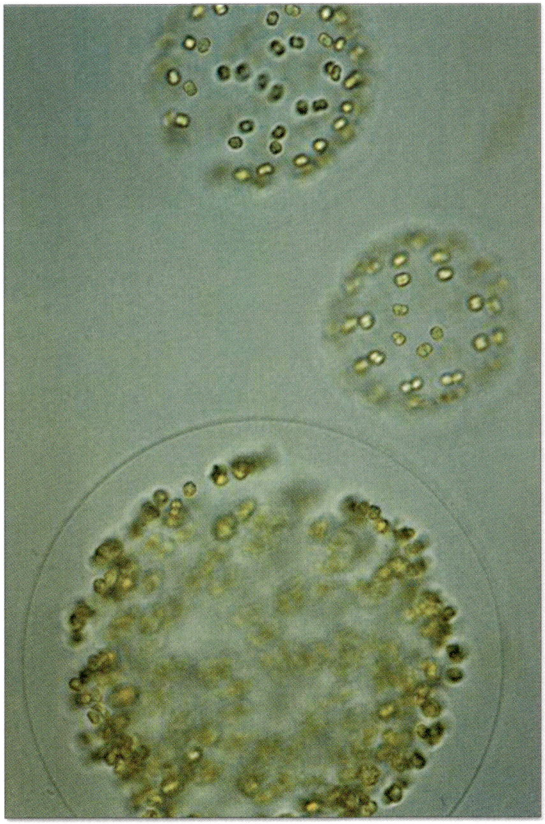

Die Schaumalge bildet Kolonien, die von Gallerthüllen umgeben sind

Bild links: Schaumberge am Sylter Strand

Gar nicht immer platt

Stimmt es, dass die Scholle gar nicht als Plattfisch geboren wird? Und warum ist sie dann überhaupt platt?

Plattfische wie die Scholle sind tatsächlich nicht von Geburt an platt, sondern verändern ihre Körperform in den ersten Lebenswochen. Schollen laichen im Winter vor allem zwischen Januar und März. Die Weibchen geben bis zu 600 000 Eier ab, die zunächst frei im Wasser schweben. Aus den Eiern schlüpfen nach zwei bis drei Wochen etwa 6 mm lange Fischlarven, die noch nichts von einem Plattfisch erkennen lassen.

Die Larven haben noch die „normale“ symmetrische Form und ernähren sich von winzigen Planktonorganismen. Nach weiteren ein bis zwei Monaten erreichen die Larven eine Größe von 10 mm, und nun beginnt die verblüffende Umwandlung zum Plattfisch. Die Larve flacht sich ab und das linke Auge wandert von der linken auf die rechte Körperseite. Gleichzeitig wird die linke Körperhälfte zur Fischunterseite und die Tiere bekommen die typische Form eines Plattfisches. Zusätzlich färbt sich die obere (rechte) Körperseite langsam dunkel, während die untere Körperseite weiß bleibt.

Der Grund für diese beeindruckende Verwandlung ist, dass die Schollen durch die platte Form optimal an das Leben am Meeresboden angepasst sind, auf dem sie sich nun fast immer aufhalten. Für Feinde wie Seehund, Schweinswal oder Seeschwalbe sind Plattfische nur schwer zu entdecken, zumal sie ihre Oberseite zu Tarnzwecken farblich dem Meeresboden anpassen können. Die platte Lebensart findet man bei vielen Fischen flacher Sandböden. Auch Rochen und manche Haie sind platt, jedoch haben sich diese Fische nicht auf die Seite gelegt, wie die Plattfische, sondern sind aufrecht liegend abgeflacht. In jedem Fall ist die flache Körperform von Vorteil, denn direkt am Boden herrscht in einer nur millimeter- bis zentimeterstarken Schicht keine oder nur eine sehr geringe Strömung. Als Bewohner dieser Schicht braucht man keine zusätzliche Energie, um sich gegen hohe Wasserströmungen zu behaupten.

Durch die Wanderung der Augen können Plattfische auch dann noch mit zwei Augen sehen, wenn sie sich leicht in den Sand eingebuddelt haben. Erstaunlicherweise liegen die Augen nicht bei allen Plattfischen auf der gleichen Seite. Während die erwachsene Scholle ihre Augen, ebenso wie Kliesche, Seezunge und Heilbutt auf der rechten Körperseite hat, ist es beim Steinbutt genau umgekehrt, er ist linksäugig. Bei den Flundern hingegen sind etwa 70 Prozent der Tiere rechtsäugig und 30 Prozent linksäugig.

Die Scholle ist rechtsäugig, das heißt ihre Augen liegen auf der rechten Körperseite

Watt ist nicht gleich Watt

Stimmt es, dass es mehrere Wattenmeere auf der Welt gibt?

Als Watt werden generell alle flachen Küstengebiete bezeichnet, an denen es Ebbe und Flut gibt und der Meeresboden deshalb regelmäßig trocken fällt. Handelt es sich um eine felsige Küste, spricht man von einem „Felswatt“ wie es in Deutschland nur auf der Insel Helgoland existiert. Handelt es sich um einen weichen Untergrund wird das „Sand- oder Schlickwatt“ genannt.

Wenn wir von „dem Wattenmeer“ sprechen, meinen wir meistens das sandige Küstengebiet,

das sich vom niederländischen Den Helder über die Deutsche Bucht bis zum dänischen Esbjerg erstreckt. Dieses Gebiet ist tatsächlich einmalig auf der Welt, denn mit rund 4 500 Quadratkilometern ist es das größte zusammenhängende Wattgebiet der Welt. Um die Einmaligkeit dieser Küste zu erhalten, steht die gesamte Fläche unter Schutz und die deutschen Bereiche wurden als Nationalparke ausgewiesen.

Kleinere Wattgebiete gibt es jedoch auch in anderen europäischen Ländern, Asien, Amerika, Afrika und Australien. Dort kann das Watt ganz anders aussehen als bei uns. Während in unserem Wattenmeer beispielsweise keine Bäume wachsen, findet man an tropischen Küsten typischerweise Mangrovenwälder im ufernahen Wattbereich. In den gemäßigten Breitengraden von Nordamerika sind dagegen dem Schilf ähnliche Großgräser im Watt anzutreffen. Ein sehr großes Wattgebiet gibt es auch an der koreanischen Küste im Gelben Meer. Während das Watt vor Südkorea etwa 2 400 Quadratkilometer umfasst, ist aus politischen Gründen nur wenig über die Größe des Watts in Nordkorea bekannt.

Bild oben: In asiatischen Wattgebieten hilft die ganze Familie beim Eintragen der Muschelernte mit

Bild links: Sylter Watt

Eines aber ist gewiss: Nirgends gibt es so viele Wattwürmer wie in unserem europäischen Wattenmeer. Im Gelben Meer wimmelt es dagegen von Krebsen, die dort den Wattboden durchwühlen.

Schwimmende Krabben

Manchmal trifft man beim Baden schwimmende Krebse. Sind das Strandkrabben?

Das ist eher unwahrscheinlich, denn erwachsene Strandkrabben sind schlechte Schwimmer und bewegen sich überwiegend am Boden fort. Dabei zeigen sie eine eigentümliche seitliche Laufweise, weshalb sie auch „Dwarslöper“ (=Querläufer) genannt werden. Die Strandkrabbe (*Carcinus maenas*) ist die häufigste Krabbe im Sylter Wattenmeer. Sie wird 6 - 8 Zentimeter groß und hat manchen Badegast schon einmal in den Fuß gezwickt. Wenn sie sich bedroht fühlt, breitet sie ihre beiden Scheren aus und kneift auch gern mal zu, wenn der vermeintliche Angreifer nicht von dannen zieht. Die Strandkrabbe ist ein gefräßiger Geselle. Sie verspeist mit Vorliebe Schnecken, Muscheln und Würmer, schreckt aber auch vor frisch gehäuteten und damit wehrlosen Artgenossen nicht zurück.

Bei der Schwimmkrabbe (rechts) ist das letzten Beinpaar paddelformig verbreitert, bei der Strandkrabbe (links) nicht

Beim Baden begegnet man aber auch einer anderen Krebsart, der Schwimmkrabbe (*Liocarcinus holsatus*). Mit einem Panzerdurchmesser von maximal 4 Zentimetern ist sie etwas kleiner als die Strandkrabbe. Die Schwimmkrabbe kann hervorragend schwimmen, weil die letzten Segmente des hinteren Beinpaares paddelähnlich verbreitert sind (siehe Foto). Diese Schwimmbeine werden wie ein Propeller über dem Panzer geschwungen und so kann die Krabbe sogar vorbei schwimmende kleinere Fische erbeuten. Vorsicht: Um solch flinke Beute fassen zu können, sind ihre Scheren ungleich schärfer als die der Strandkrabbe. Die Krabben selbst sind beliebte Nahrung von größeren Fischen wie Dorsch oder Knurrhahn. Im Gegensatz zur Strandkrabbe ist die Schwimmkrabbe nur selten auf den trocken fallenden Wattflächen anzutreffen. Sie bleibt lieber in den tiefen Prielen.

Rot-braun-grüner Algensalat

Kann man aus Algen Salat machen?

In vielen asiatischen Ländern sind Algen ein beliebtes Nahrungsmittel. Doch auch bei uns wachsen Algen, die einen schmackhaften Salat ergeben. Essbare Grünalgen, die im norddeutschen Wattenmeer vorkommen, sind der Meersalat (*Ulva*, Bild rechts) und der Darmtang (*Enteromorpha*). Grünalgen werden allerdings im Allgemeinen nur wenig gegessen, weil sie recht zäh sind und den meisten Leuten auch nicht gut schmecken.

Viel beliebter sind zahlreiche Arten der Rot- und Braunalgen, die nicht nur in Asien sondern besonders auch in Irland und Frankreich gegessen werden. Allerdings werden auch hier die meisten nicht roh im Salat serviert, sondern gedünstet, geröstet oder nach Trocknung wieder eingeweicht. Eine weitere Form der Zubereitung von Großalgen ist, sie zu fermentieren, ähnlich wie man es mit Kohl macht, um Sauerkraut zu erzeugen.

Auch der kleine Noah liebt Meersalat

Die weltweit am meisten verzehrte Rotalge ist *Porphyra*. Sie wird auch Nori genannt und ist als Ummantelung der Sushi-Rollen bekannt. Als Salat wird zum Beispiel die Rotalge *Palmaria* (auch Dulse genannt, Bild unten) zubereitet und sogar in einigen Sylter Restaurants angeboten. Bei den Braunalgen experimentieren einige Sylter Köche zurzeit mit *Laminaria* (=Kombu), die zusammen mit *Palmaria* in der Lister Algenfarm des Alfred-Wegener-Institutes gezüchtet wird.

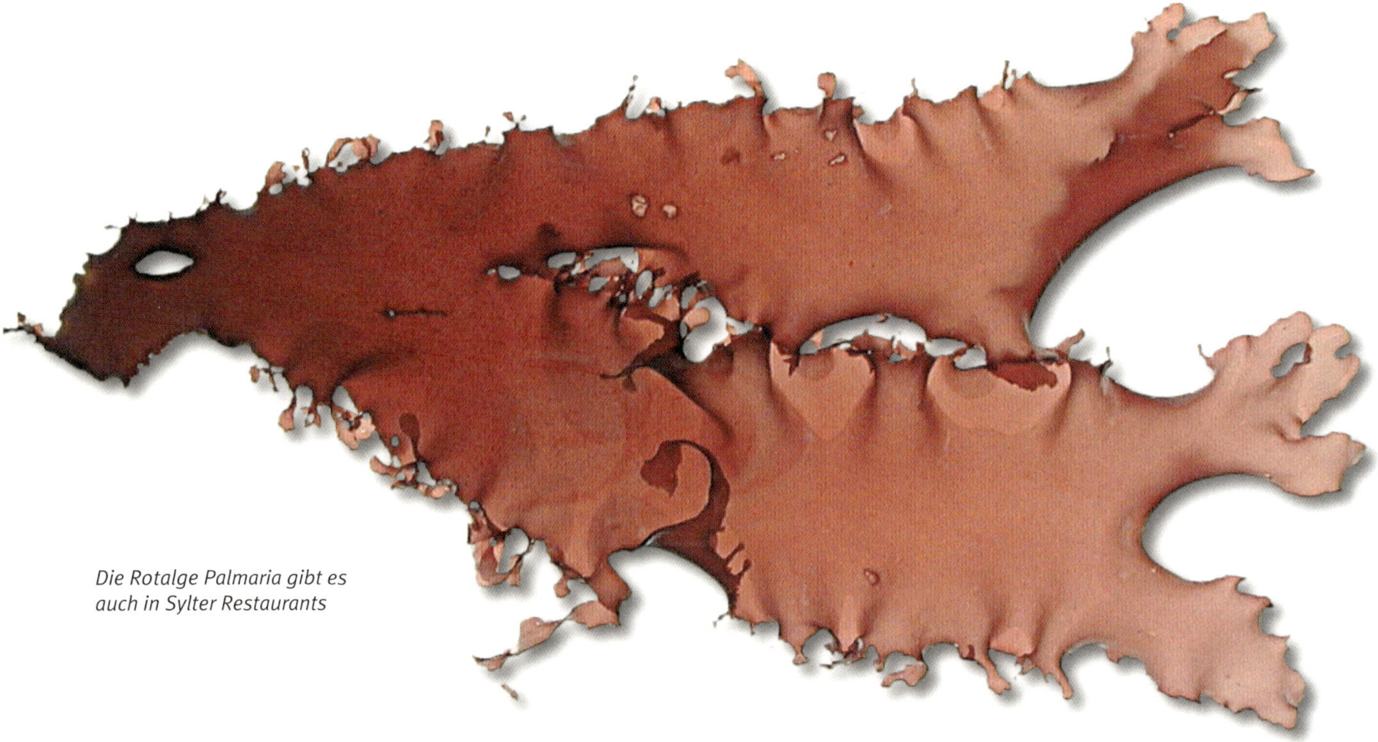

Die Rotalge Palmaria gibt es auch in Sylter Restaurants

Ungeheuer aus dem Meer

Gibt es Seeungeheuer beziehungsweise Seemonster tatsächlich?

Seeungeheuer kennt man vor allem aus den Geschichten von Seefahrern: Riesige Kraken, Seeschlangen und anderes furchterregendes Getier, das Schiffe bedroht und der Mannschaft nach Leib und Leben trachtet. Film und Literatur greifen dies gerne auf, und weiße Haie und andere „Meeresungeheuer“ sind in den Medien allgegenwärtig. Gibt es sie also tatsächlich?

Aus wissenschaftlicher Sicht gibt es für die meisten Seeungeheuer-Sichtungen einleuchtende Erklärungen. Einige Beobachtungen haben sich als tatsächlich existierende Meerestiere herausgestellt, die aber nicht schrecklich gefährlich, sondern vor allem schrecklich groß sind. So sehen bis zu 18 Meter lange Tintenfische wie die Riesenkalmare mit ihren zehn Fangarmen furchterregend aus, wenn man sie an der Meeresoberfläche sieht, gefährlich sind sie aber nicht.

Andere Ungeheuer sind wohl eher Fantasiegebilde oder gehen auf Verwechslungen mit existierenden Meerestieren zurück. Aus den riesigen Armen von großen an der Meeresoberfläche schwimmenden Tintenfischen etwa wird mit ein wenig Fantasie und Rum im Blut schnell eine gefährliche Seeschlange.

Trotz aller Erkenntnis bleiben einige Seeungeheuer-Sichtungen aber weiterhin ungeklärt. So streiten sich Wissenschaftler über die Herkunft von meterlangen, unförmigen Klumpen, so genannten „blobs“ und „globsters“, die weltweit an Küsten angespült werden. Überreste von Kraken meinen die einen, Reste von Walen die anderen und einige wenige vermuten bisher gänzlich unbekannte Kreaturen dahinter. Das letzte Wort in Sachen Seeungeheuer ist also noch nicht gesprochen.

Im August 2001 in Neufundland angespülter „blob“, vermutlich die sterblichen Überreste eines Wals

Getarnte Krebse unter Wasser

Was sind eigentlich Seespinnen?

Der Name Seespinne ist irreführend, da es sich in Wirklichkeit um keine Spinnentiere, sondern Krebse handelt. Sie werden nur als Seespinnen bezeichnet, da ihre langen Beine an Spinnen erinnern. Ihr Rückenpanzer hat von oben betrachtet eine dreieckige Form, so dass sie auch als „Dreieckskrabben" bezeichnet werden.

Seespinnen sind in jedem Ozean zu finden. Weltweit gibt es rund 800 Arten. Im Wattenmeer ist unter anderem die Nordische Seespinne (*Hyas araneus*) heimisch. Sie hat einen birnenförmigen Körper, der etwa zehn Zentimeter lang werden kann. Anders als die Strandkrabbe kann sie Austrocknung nicht gut vertragen und lebt daher unterhalb der Niedrigwasserlinie, ist aber wie diese ein Allesfresser.

Seespinnen sind große Meister der Tarnung. Mit ihren Scheren schneiden sie Stücke von Algen, Polypen oder Schwämmen ab und hängen sie an die Borsten und Fortsätze ihres Panzers, so dass sie sich von ihrer Umgebung kaum unterscheiden. So sind sie für ihre Hauptfeinde, die Fische, nahezu unsichtbar. Dazu kommt, dass sich Seespinnen sehr langsam bewegen und somit von Räubern kaum bemerkt werden. Das Tarnverhalten von Seespinnen ist so hoch entwickelt, dass sie bei einer Änderung ihres Aufenthaltsortes das alte Tarnkleid abrupfen, um es durch Material aus der neuen Umgebung zu ersetzen.

Das Größenspektrum der Seespinnen ist enorm. So gehören zu dieser Familie winzig kleine Arten wie die nur etwa zwei Zentimeter große Gespensterkrabbe (*Macropodia rostrata*) aus dem Atlantik. Aber auch die größte Krabbe der Welt ist eine Seespinne. Mit einer Bein-Spannweite von mehr als drei Meter ist die japanische Riesenkrabbe (*Macrocheira kaempferi*) der Rekordhalter unter den Krebstieren. Damit ist sie sogar noch etwa einen Meter größer als die Kamtschatka-Krabbe (siehe Seite 10), die ebenfalls zur Familie der Seespinnen gehört.

Nordische Seespinne krabbelt behebig über einen Schwamm

Winterurlaub auf Sylt

Ich habe in List vor dem Hafen ganz viele schwarz-weiße Vögel auf dem Wasser gesehen. Was sind das für Vögel?

Sylt ist auch im Winter schön. Das scheinen sich zumindest die vielen Wasservögel zu denken, die man in den Wintermonaten rund um die Insel beobachten kann. Besonders häufig ist die Eiderente (*Somateria mollissima*), deren Männchen ein auffälliges schwarz-weißes Gefieder mit einem lindgrünen Nacken haben.

Eiderenten kommen auch den Sommer über im Wattenmeer vor, sind dann aber nicht so auffällig, da sie ihr braunes so genanntes Schlichtkleid tragen. Einige dieser Tiere brüten in unserer Gegend, vor allem auf Amrum. Der Großteil kommt aber zur Mauser aus nördlicheren Gebieten zu uns. Während der Mauser wechseln die Tiere ihre Federn und die Männchen bekommen ihr auffälliges Prachtkleid (siehe Foto). Die Weibchen mausern zwar auch, aber davon ist nicht viel zu sehen — Brut- und Schlichtkleid sind nur mit viel Übung voneinander zu unterscheiden. Einigen dieser Enten gefällt es auf Sylt so gut, dass sie den Winter über bleiben, andere ziehen fernere südlichere Regionen vor. Zusammen mit Zuzüglern aus der Ostsee und aus nördlicheren Gebieten verbringen die Daheimgebliebenen die kalten Wintermonate vor allem auf der Wattseite der Insel, wo sie mit Herz- und Miesmuscheln ihre Lieblingsgerichte vorfinden. So lässt es sich offensichtlich aushalten, denn allein im Bereich des Lister Königshafens halten sich im Winter etwa 20 000 Tiere in großen Trupps auf. Ein weiterer beliebter Winterurlaubsort von Eiderenten auf der Insel liegt im Süden zwischen Puan Klent und Hörnum.

Aber nicht nur Eiderenten kommen als Wintergäste nach Sylt, auch Sterntaucher, Brandgänse, Trauerenten und diverse andere Wasservögel lassen sich den Winter über vor Sylt beobachten.

Zwei stolze Erpel der Eiderente im Prachtkleid

Arzneistoffe direkt aus dem Meer

Im Rantumer Watt findet man vor allem im Herbst sehr viele Seescheiden. Was sind das eigentlich für Tiere und wo kommen die her?

Seescheiden, die auch Ascidien genannt werden, sind festsitzende Tiere, die ausschließlich im Meer vorkommen. Sie sehen meist aus wie ein kleiner Sack oder eine Flasche und erinnern im ersten Moment an Schwämme, sind aber nicht mit diesen verwandt.

Seescheiden leben entweder einzeln oder in Kolonien. Ihr Körper ist von einer Hülle umgeben, die sich anfühlt wie Leder oder Gelatine. Da diese Körperhülle zum großen Teil aus der zelluloseähnlichen Substanz „Tunicin" besteht, gehören sie zur Gruppe der Manteltiere (=Tunicata). Weltweit gibt es etwa 1000 Arten. Meistens leben sie auf Steinen, Muscheln oder Algen.

Seescheiden ernähren sich von Planktonorganismen, die sie aus dem Wasser herausfiltern. Das Wasser wird durch eine Mundöffnung eingesaugt, dann durch eine filternde Schleimschicht geführt und schließlich durch eine zweite Öffnung wieder herausgepumpt. Alle Seescheiden sind Zwitter. Neben einer geschlechtlichen Fortpflanzung durch Spermien und Eier können sie sich aber auch ungeschlechtlich vermehren, indem sie wie eine Pflanze einen Ableger produzieren.

Seescheiden haben außer Fischen nicht viele Feinde. Ihr Mantel ist nämlich sauer wie Essig und schreckt viele Fressfeinde ab. Seescheiden werden auch vom Menschen genutzt. Einige Arten sind essbar. Außerdem werden aus ihnen Arzneistoffe gewonnen, die unter anderem bei

Die Samt-Seescheide auf Meersalat gebettet

der Krebsbehandlung eingesetzt werden.

Im Sylter Wattenmeer kommen zwei Arten recht häufig vor. Die Samt-Seescheide (*Molgula manhattensis*) wird etwa drei Zentimeter groß und ist von kugeliger Gestalt. Die Ostasiatische Seescheide (*Styela clava*) wird etwa zwölf Zentimeter groß und hat sich erst vor etwa zehn Jahren im Sylter Wattenmeer angesiedelt. Beide Arten sind vorwiegend an Hafenanlagen und auf Muschelbänken anzutreffen. Bei Herbststürmen kann es passieren, dass die Tiere von ihrem Untergrund abgerissen und an Land gespült werden.

Die Seescheide Styela clava ist durch Schiffe aus Ostasien in die Nordsee verschleppt worden

Obwohl man es den Seescheiden nicht ansieht, haben sie doch etwas mit dem Menschen gemeinsam. Ihre Larve besitzt wie der Mensch und alle anderen Wirbeltiere eine Art knorpelige Wirbelsäule.

Ein Vogel mit vielen Namen

Neulich hörte ich jemand auf dem Deich sagen: „Die Halligstörche sind mir zu laut". Ich habe aber gar keine Störche gesehen, sondern nur zahlreiche andere Vögel. Was war gemeint?

Halligstorch ist eine seltene Bezeichnung für den Austernfischer (*Haematopus ostralegus*). Er hat eine sehr deutliche und kontrastreiche Färbung: schwarz-weißes Gefieder und einen auffällig roten Schnabel und Beine. Da er außerdem recht häufig auf Halligen vorkommt, ist er wohl zu seinem Spitznamen gekommen.

Der lateinische Name des Austernfischers lautet übersetzt „Austern sammelnder blutroter Fuß". Dabei sind Austern gar nicht die Hauptnahrung des Austernfischers, da ihre Schalen oftmals zu hart sind. Er zieht andere Muscheln wie Miesmuscheln und Herzmuscheln vor. Beim Aufhämmern oder Aufhebeln der Muschelschalen nutzen die Tiere ihre Schnäbel ab, aber wie das Haar der Menschen wachsen sie nach: jeden Tag etwa einen halben Millimeter.

Haben Austernfischer erst einmal einen Brutplatz gefunden, bleiben sie diesem Revier treu. Im Juni schlüpfen ihre Jungen, meist sind es drei. In dieser Zeit rufen die Eltern besonders laut. Bereits zur Balz kann man das auffällige Trillern der Vögel weit hören. Damit sorgen sie für eine typische Geräuschkulisse am Wattenmeer.

Schmackhaftes von der Salzwiese

In meiner Kindheit haben wir im Urlaub eine Salzwiesenpflanze als Gemüse gegessen, die Suden genannt wurde. Was ist das für eine Pflanze und wie lautet der deutsche Name?

Wenn man es genau nimmt, bezeichnet der Name „Suden" nicht eine ganze Pflanze, sondern lediglich die fleischigen Blätter des Strandwegerichs (lat. *Plantago maritima*, Bild unten).

Tatsächlich wurden die Blätter häufig früher gegessen – allerdings sind nur die jungen Wegerichblätter gedünstet wirklich lecker, die älteren sind dagegen lediglich gekocht und nach dreifachem Wechsel des Kochwassers genießbar.

Strandwegerich ist vor allem auf Küstensalzwiesen zu finden – und zwar nicht nur in Nordfriesland, sondern überall im Norden von Kanada bis Sibirien. In den Salzwiesen wächst der Strandwegerich eher im oberen Teil, nahe der Dünen. Das Salz sammelt er im Laufe des Sommers in seinen Blättern an, dabei wird es mit Wasser verdünnt und die Blätter quellen immer weiter auf. Diesen Vorgang nennt man Salzsukkulenz. Doch ab einer bestimmten Schwelle verträgt auch der Strandwegerich kein Salz mehr, die Blätter sterben schließlich ab.

Strandwegerich wächst meistens in kleinen Gruppen, ist heute aber eher selten zu finden. Die Beweidung der Salzwiesen durch Schafe gefährdet die Pflanze, da die Tiere den generativen Teil des Wegerichs, die Blüten, abbeißen. Keimender Strandwegerich ist im Frühjahr außerdem eine wichtige Nahrung für Ringelgänse.

Der lateinische Gattungsname „Plantago" bedeutet übersetzt „wie die Fußsohle", da die Blätter des Breitwegerichs entfernte Ähnlichkeit mit dem Abdruck einer Fußsohle haben.

Der Strandwegerich

Surimi – Aus Fisch wird Krebs?

Wir haben neulich Surimi-Stangen gegessen. Was ist das eigentlich?

Surimi ist ein Fischprodukt auf der Basis von Fischeiweiß. Surimi stammt ursprünglich aus Japan und bedeutet übersetzt „zerkleinerter Fisch".

Im 11. Jahrhundert wurde in Japan entdeckt, dass sich Fisch besser konservieren und verarbeiten lässt, wenn er vorher zerkleinert und mit Zucker gegart und geliert wird. Wurden vor Jahrhunderten noch Makrelen, Lachs und pazifischer Weißling zu Surimi verarbeitet, handelt es sich heute vor allem um nicht direkt vermarktbare Fischarten wie die Goldstreifen-Meerbrasse, eine im Pazifik vorkommende Seefischart.

Zur Herstellung von Surimi werden die Fische entgrätet und durch Kneten und wiederholtes Auswaschen zu einer glatten, weißen Masse verarbeitet, die ähnlich wie Tofu eher geschmacksneutral ist. Durch spezielle Maschinen werden muskelfaserähnliche Strukturen erzeugt, die sehr gut formbar sind. In einem weiteren Verarbeitungsschritt werden die Produkte gebacken oder anderweitig wärmebehandelt.

Im Handel wird Surimi häufig in Stangenform (Sticks) angeboten, aber auch Krebsschwänze, Garnelen oder Hummerscheren lassen sich formen. Durch Zugabe von Gewürzen, Stärke sowie Aroma- und Farbstoffen sind Surimi-Produkte kaum vom Original zu unterscheiden und müssen daher entsprechend gekennzeichnet werden.

Seinen internationalen Durchbruch schaffte Surimi in den 1970er Jahren, als in den USA die Fangerträge für die dort sehr beliebten Meereskrebse drastisch zurück gingen und die Preise für Krebsfleisch förmlich explodierten. Als Alternative eroberten dann die deutlich preiswerteren Surimi-Produkte den Markt, die seither oft auch als «Krebsfleisch-Imitate» bezeichnet werden. Mit Verbreitung der asiatischen Esskultur eroberten Surimi-Produkte auch den deutschen Markt und sind in vielen Supermärkten und natürlich in Sushi-Restaurants erhältlich.

Nicht nur in Japan ist Surimi die Kunst, aus weißem Fisch leckere bunte Happen zu zaubern

Schaumkronen für den Strand

Man sagt, bei stürmischem Wetter entsteht immer so viel Gischt am Strand. Was genau ist eigentlich Gischt?

Wenn der Wind über das Meer bläst, reißt er kleine salzhaltige Wassertröpfchen mit sich. Diese winzigen Tröpfchen sind rund 100 bis 1000 mal kleiner als ein menschliches Haar „dick" ist und werden in der Fachwelt Aerosol und im Volksmund Gischt genannt. Die auf diese Weise mit Meerwasser angereicherte Luft ist ein wesentlicher Teil des gesunden Reizklimas an der See.

Es gibt aber noch eine andere Form von Gischt. Eiweißabscheidungen von mikroskopisch kleinen Algen und eine Vielzahl an weiteren Stoffen, die der Zersetzung von organischem Material im Meer entstammen, werden bei starkem Wind und Wellenschlag am Strand „schaumig geschlagen". Dabei erhöhen diese Eiweißstoffe die Oberflächenspannung des Wassers und Luftblasen können sich in dem Gemisch länger halten als in reinem Wasser. Es bilden sich dann Schaumkronen auf den Wellen, und dieser Schaum wird an den Strand geweht. An manchen Tagen kommt es zu wahren Schaumteppichen.

Hallo? Halo!

Bei einem Spaziergang am Strand verdunkelte sich plötzlich leicht der Himmel. Die Sonne verzog sich hinter einer kreisrunden Wolke, um die sich für etwa zehn Minuten ein regenbogenfarbener Ring gebildet hatte. Was war das?

Die Sonne scheint gegen eine Wolke und damit gegen eine Wand aus Niederschlag. Das Licht bricht sich an den vielen Regentropfen und zeigt sich als Regenbogen oder im Fall einer ringförmigen Erscheinung als so genannter Halo. Es ist dabei nicht wichtig, ob der Niederschlag den Erdboden erreicht oder schon in der Höhe verdunstet. Es genügt das Vorhandensein einer Fläche aus Niederschlag oder auch aufkommender Seenebel, an dem sich das Licht wie an einem Spiegel brechen kann. In den Bergen kennt man ähnliche Erscheinungen auch unter dem Namen Brockengespenst. Hier bricht sich das Licht an Nebeltröpfchen. Manchmal sind farbige Bögen oder Ringe auch direkt um die Sonne oder den Mond sichtbar. Das sind sogenannte „Halo-Erscheinungen". Hier bricht sich das Sonnen- oder Mondlicht an den Eiskristallen der Eiswolken in den oberen, kalten Schichten der Atmosphäre.

Halo-Erscheinung auf Spitzbergen

Krebse, die nicht laufen können

Was sind Seepocken?

Auch wenn man es ihnen nicht sofort ansieht, Seepocken gehören zu den Krebstieren. Im Gegensatz zu den meisten Krebsarten laufen sie aber nicht umher, sondern sitzen häufig in großer Zahl auf festem Substrat, wie zum Beispiel Miesmuscheln, Steinen oder auch Hafenanlagen. Hier haben sie sich als Larve fest zementiert und verbringen dann ihr ganzes Leben am gleichen Standort.

Seepocken bauen sich ein weißes Kalkgehäuse, das sie mit einem vierteiligen Deckel fest verschließen können. Dadurch sind sie gut gegen Feinde und Austrocknung geschützt und können auch viele Stunden ohne Wasserbedeckung überleben. Möchte man die Tiere aus ihrem kalkigen Versteck locken, muss man sie in Meerwasser legen. Nach einer Weile klappen sie dann ihren Deckel auf, strecken ihre sechs Beinpaare hervor und fangen mit rhythmischen Bewegungen Nahrung aus dem Wasser.

Die Beine dienen hier also nicht mehr der Fortbewegung, sondern dem Nahrungserwerb. Die meisten Seepocken sind Zwitter und die Begattung erfolgt wechselseitig mit einem Begattungsorgan, das die mehrfache Länge des Gehäuses erreichen kann. In einem Brutraum entwickeln sich dann die befruchteten Eier zu einer Schwimmlarve, die anderen Krebslarven sehr ähnelt und die erst dazu geführt hat, dass man die Seepocken als Krebstiere erkannt hat.

Nachdem die Larven mehre Wochen im Wasser verbracht haben, suchen sie sich einen geeigneten Untergrund, kleben sich mit Hilfe einer Zementdrüse fest und bilden das Kalkgehäuse, das aus mehreren Kalkplatten besteht. Wenn die

Seepocken: Erwachsene und drum herum viele junge, die sich frisch angeheftet haben

Seepocke wächst, kann sie ihre Wohnung erweitern, indem sie die Kalkplatten vergrößert und weiter nach außen schiebt.

Genau wie bei anderen Krebsarten, hat ihr Körper aber im Inneren des Kalkgehäuses auch einen (dünnen) Chitinpanzer, der nicht mitwächst und gehäutet werden muss. An den Häutungshüllen (Bild rechts) ist sehr gut der filigrane Aufbau der zum Nahrungserwerb umfunktionierten Beinchen zu erkennen, die wie ein Kescher durch das Wasser gezogen werden, um kleinste Plankton-Organismen zu fangen.

Sogar der berühmte Forscher und Evolutionsbiologe Charles Darwin war vom Leben der Seepocken so fasziniert, dass er einen großen Teil seiner Forschung den kleinen Tierchen gewidmet hat.

Häutungshülle der Seepocke

Käpt'n Corl: Hocken wie die Pocken

„Ich sag's ja immer wieder: Die Tierwelt ist voller Wunder und Fantasie. Überhaupt die Natur. Da hält man die ulkigen Noppen auf den Miesmuscheln für Mitesser und dann führen die Pocken ein Leben, von dem der Sylter nur träumt! Wie gern würde sich der Insulaner an seiner Insel (mit Meerblick) festzementieren und da bleiben bis zu seinem Ende. Hocken wie die Pocken. Der Deckel würde ihn vor Überflutung und dem Finanzamt schützen und die Nahrungsmittel ließen sich (kostenlos) durch rhythmische Bewegungen von Famila und Aldi ansaugen. Und dann der teure Baustoff! Die Außenwände seines Friesenhauses könnte der Sylter durch Heraufwürgen von Baumaterialien aus seiner Zementdrüse in alle Richtungen und rund um die Uhr erweitern, egal was das Bauamt oder der Nachbar dazu sagt. Und auch die lästige Partnersuche fiele weg – wäre er doch Sylter und Sylterin in einem. Genial, diese Tierwelt. Da sage noch einer, das Leben einer Miesmuschelpocke sei langweilig. Oder gar mies."

Schmuck aus dem Meer

Wie entstehen Perlen in Muscheln?

Sie schmücken Hälse und gelten als seltene Kostbarkeiten: Perlen. Auch beim Essen von Miesmuscheln oder Austern kann man auf eine Perle stoßen, denn sie werden von Muscheln produziert. Allerdings sind sie selten so schön geformt wie man sie von Halsketten kennt.

Es gibt aber bestimmte Muschelarten, die besonders viele und qualitativ hochwertige Perlen produzieren. Die meisten im Handel befindlichen Schmuckperlen sind heute keine zufällig in diesen Muscheln gefundenen Naturperlen, sondern stammen aus aufwändigen Perlenzuchten. Diese findet man vor allem in Japan, China und der Südsee, und zwar sowohl im Salz- als auch im Süßwasser.

Diese unregelmäßigen Perlen wurden in einer einzigen Auster aus dem Sylter Wattenmeer gefunden

Aber wie entsteht eine Perle? Nach klassischer Lehrmeinung werden in eine Muschel eingedrungene kleine Fremdkörper, wie zum Beispiel Sandkörner, von der Muschel mit Perlmutt umschlossen. Perlmutt ist das weißglänzende Material, mit dem die innere Schale von Muscheln ausgekleidet ist. Durch ständige Neuauflagerung von Perlmuttschichten entsteht dann im Laufe der Zeit eine Perle. Neuere Forschungen zeigen aber, dass es ganz so einfach wohl nicht ist.

Statt Sandkörnern sind wohl eher (für den Menschen ungefährliche) Parasiten wie Würmer oder kleine Krebse für die Perlenbildung verantwortlich. Beim Eindringen in den Muschelkörper nehmen sie kleine Teile der obersten Gewebeschicht der Muschel, sogenannte Epithelzellen, mit sich.

Besonders schön schillert die Perlmuttschicht auf der Innenseite vom Meerohr, einer Schneckenschale mit einer Lochreihe für die Kiemen

Diese Epithelzellen produzieren das Perlmutt der Muschelschale, und das machen sie auch, wenn sie von Parasiten ins Gewebe der Muschel verschleppt wurden. Auf diese Weise entsteht in der Muschel eine Perle. Auch durch mechanische Beschädigungen der Schale können Epithelzellen in den Muschelkörper gelangen und zur Perlbildung führen. Außerdem scheinen genetisch bedingte Unterschiede eine Rolle zu spielen, da die Tendenz zur Perlbildung bei allen Muschelarten unterschiedlich ist.

Wie auch immer sie entstehen, besonders schnell wachsen Perlen übrigens nicht: In unseren Breiten dauert es für einen Perlmuttzuwachs von einem halben Millimeter etwa anderthalb Jahre.

Unfreiwilliger Farbwechsel

Wieso sind die lebenden Hummer im Aquarium eines Restaurants noch bläulich-schwarz, auf dem Teller dann aber knallrot?

Für die Farbe des Hummers ist ein Pigment im Panzer verantwortlich, das den Namen Astaxanthin trägt. Dieser Farbstoff gehört zu der Gruppe der Carotinoide und ist in seiner freien Form rot. Solange der Hummer noch lebt, ist dieses Farbpigment aber so mit den Proteinen der Schale des Hummers verbunden, dass es eine etwas andere chemische Struktur hat und bläulich erscheint. Die Proteine der Hummerschale sind jedoch sehr hitzeempfindlich und der chemische Komplex wird beim Kochen aufgebrochen. Dadurch kommt das Astaxanthin nun in seiner freien Form vor und der Hummer ändert seine Farbe von bläulich nach rot.

Astaxanthin oder verwandte Farbstoffe sind übrigens auch für die rötliche Farbe von Lachs, Garnelen und Flamingos verantwortlich. Die Tiere können diese Farbstoffe nicht selbst herstellen und müssen sie daher mit der Nahrung aufnehmen. Fehlen diese Stoffe in der Nahrung, verlieren die Tiere ihre Farbe. In Lachsfarmen werden die Farbstoffe daher dem Futter beigemischt, damit das Fleisch seine typische rote Farbe bekommt.

Lebender Hummer im Versteck

Bunte Muschel-Muster

Ich habe eine kleine Auster mit auffälligen Streifen gefunden. Wie kommen die Streifen zustande?

Sie haben ein junges Exemplar der Pazifischen Auster (*Crassostrea gigas*) gefunden, die sich immer mehr im Sylter Wattenmeer ausbreitet. Unterschiedliche Streifenmuster auf der Schale werden bei vielen jungen Austern, aber auch bei jungen Miesmuscheln, beobachtet.

Wie kommt es zu Farben und Mustern auf Muschelschalen? Dazu muss man wissen, dass die Schale von bestimmten Zellen produziert wird, die am Rand des Muschelkörpers sitzen. Die Bildung der Schale findet fortlaufend statt, so dass die Muschel immer außen am Rand weiter wächst. Bestimmte Zellen oder Zellgruppen des Muschelrandes lagern bei der Schalenbildung Farbpigmente in die Schale ein, andere nicht. Liegen Pigment-bildende und nicht-Pigment-bildende Zellgruppen abwechselnd nebeneinander, kommt es durch das ständige Wachstum entlang des Muschelrandes zu Streifen auf der Schale wie bei der gefundenen Auster.

Lagern hingegen alle Zellen entlang des Muschelrandes Farbpigmente ein, kommt es zu einer gleichmäßigen Färbung. Produzieren die Zellen nur für eine gewisse Zeit Pigment und stellen die Produktion dann wieder ein, kommt es zu kreisförmigen Ringen auf der Schale. Welche Zellen Pigment produzieren und welche nicht, ist bei jeder Muschel in den Genen festgelegt. So kommt es, dass man zum Beispiel bei der Plattmuschel (*Macoma balthica*) rote, braune, gelbe und grüne Varianten finden kann.

Welche Farbstoffe aber in diese Muster eingelagert werden, hängt nicht nur von den Genen ab, sondern auch noch von der Nahrung und dem umgebenden Sediment.

Über die biologische Bedeutung von Farbmustern ist wenig bekannt. Bei der Auster könnte es sich um eine Schutzfärbung handeln. Bei ähnlicher Farbe und Muster von Untergrund und Schale fällt es Fraßfeinden wie zum Beispiel Vögeln schwerer, ihre Beute zu finden.

Leuchtendes Meer

Wie entsteht das Meeresleuchten?

Wenn im Hochsommer das Meer leuchtet, sind das kleinste Lebewesen, die dafür verantwortlich sind. Manche Organismen sind in der Lage Licht zu erzeugen, was als Biolumineszenz bezeichnet wird. Frei übersetzt könnte man sagen: das Leuchten in der Natur. Meist entsteht das Licht durch eine chemische Reaktion von zwei Substanzen: dem Luciferin und das diesen Stoff umsetzende Enzym Luciferase. Das Prinzip ist ähnlich wie bei Leuchtknickstäben, die häufig bei Popkonzerten an die Zuschauer verteilt werden. Dabei werden durch das Knicken des Stabes zwei vorher getrennte Substanzen vermischt, so dass eine leuchtende chemische Reaktion stattfinden kann. Ein eindrucksvolles Beispiel von Biolumineszenz ist von Leuchtkäfern bekannt (auch Glühwürmchen genannt), die in Sommernächten durch Lichtsignale ihre Partner anlocken. Die Fähigkeit zu leuchten ist bei Meerestieren sehr weit verbreitet. So kann Licht zum Beispiel von Einzellern wie dem Meeresleuchttierchen *Noctiluca*, aber auch von Quallen, Krebsen, Tintenfischen und Fischen erzeugt werden. In einigen Fällen produzieren die Tiere das Licht selbst, in anderen Fällen wird das Licht hingegen durch Bakterien erzeugt, die in speziellen Leuchtorganen beherbergt werden. Die Funktion des Leuchtens ist recht verschieden und kann neben der Partnersuche auch zum Anlocken von Beute, der Feindabwehr oder schlicht als „Taschenlampe“ zum Sehen im Dunkeln dienen. Bei der Bedeutung der Lichterzeugung bei dem Meeresleuchttierchen streiten sich die Wissenschaftler noch. Einige vermuten, das Leuchten ist in diesem Fall nur eine Begleiterscheinung des Stoffwechsels

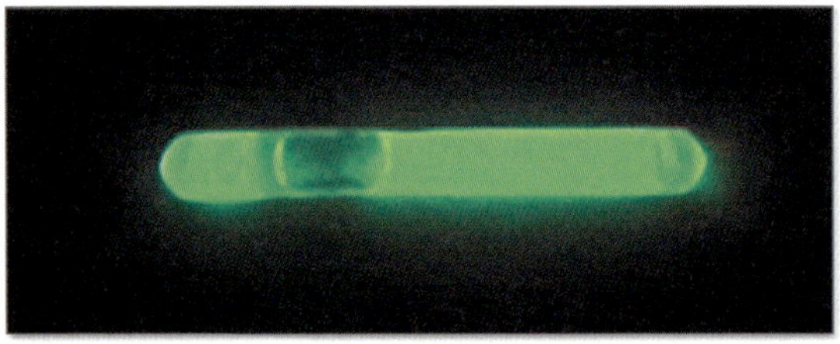

Meeresleuchten hat eine ähnlich grüne Farbe wie dieses Leuchtknickstäbchen

ähnlich wie das Rülpsen beim Menschen. Andere meinen, es muss eine bestimmte Funktion haben, die bislang aber noch nicht aufgeklärt wurde. Das Bild zeigt viele Meeresleuchttierchen *Noctiluca*. Diese bestehen aus nur einer unscheinbaren kugeligen Zelle.

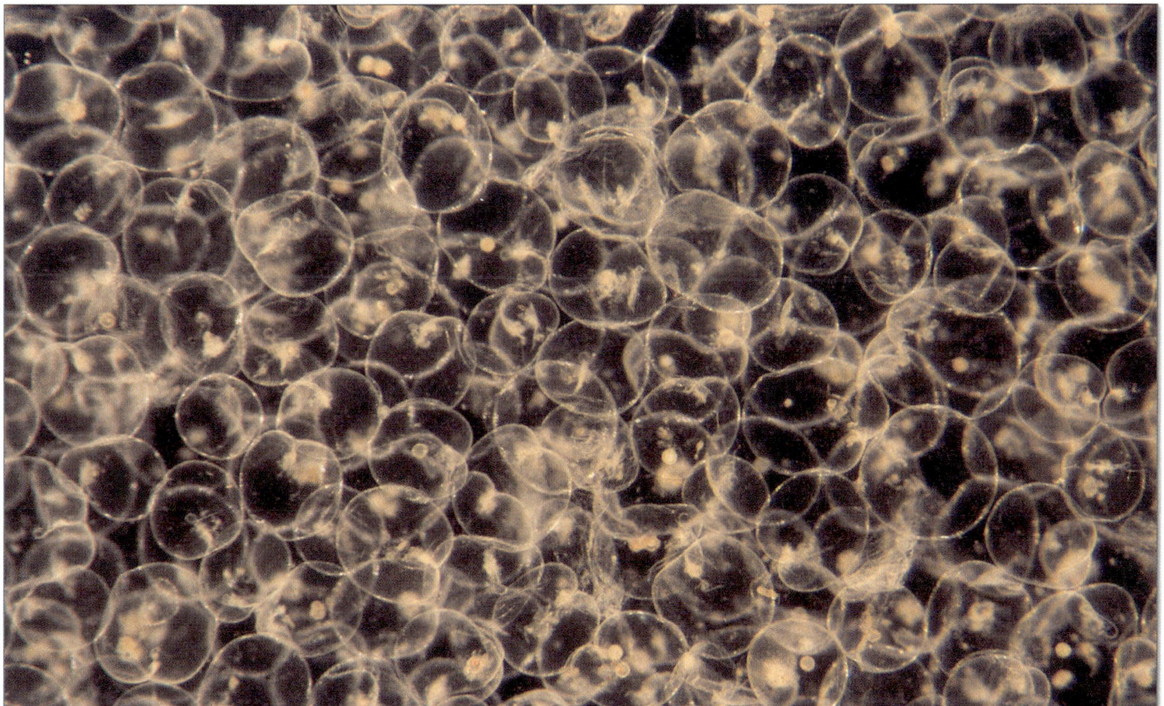

Viele Meeresleuchttierchen Noctiluca

Ideenreiche Strandkrabbe

Wie atmen Krebse?

Krebse atmen, genau wie die meisten Fische, mit Hilfe von Kiemen. Als Kiemen werden Ausstülpungen der Körperoberfläche bezeichnet, über die der Sauerstoff aus dem Wasser in den Körper gelangt. Sie sind sehr dünnhäutig und sehen häufig aus wie Blätter oder Büschel, da diese Formen eine besonders große Oberfläche bilden und der Gasaustausch dadurch erleichtert wird. Ihre zarte Struktur macht die Kiemen sehr verletzbar, deshalb sind sie bei den Krebsen durch den Panzer geschützt und liegen in einer Kiemenkammer.

Bei der Strandkrabbe kann man sich die Kiemen sehr gut ansehen, wenn man ein totes Tier am Strand findet und den Panzer abnimmt.

Die Kiemen der Strandkrabbe

Die Kiemen befinden sich auf beiden Körperseiten oberhalb der Beine und sind wie ein Fächer aufgespannt (siehe Foto). Aber Vorsicht. Ist der Krebs länger tot, fängt das Fleisch unter dem Panzer an zu faulen und es stinkt, wenn der Panzer abgenommen wird. Bei einem toten Krebs ohne Panzer sind die Kiemen meist nicht mehr zu sehen, da die Vögel sie schon weg gefressen haben. Oft findet man am Strand auch sogenannte Exuvien. So wird der nach einer Häutung abgelegte Panzer genannt (s. S. 6). Auch die alte Haut der Kiemen wird dabei ausgewechselt.

Damit die Kiemen immer mit sauerstoffreichem Wasser umspült werden, pumpt die Krabbe ständig frisches Wasser durch die Kiemenkammer Richtung Kopf, wo der Wasserstrom an den Mundwerkzeugen wieder austritt. Die Strandkrabbe hat noch eine ganz besondere Fähigkeit: Sie kann bei Ebbe auf Wattflächen ohne frisches Wasser weiter atmen, weil sie etwas Wasser in den Kiemenkammern behält und mit Sauerstoff aus der Luft anreichert. Mit diesem Trick sind in den Tropen einige Krebsarten ganz zum Landleben übergegangen.

Essen mit Stiel

Wie funktioniert die Verdauung bei Muscheln?

Muscheln ernähren sich von Bakterien, mikroskopisch kleinen Algenarten und verwesendem organischen Material (Detritus). Sie haben jedoch keinen Kopf und daher auch keinen typischen Mund wie wir ihn von anderen Tieren her kennen. Stattdessen nehmen sie die Nahrung, ebenso wie den Sauerstoff, über ihre Kiemen auf.

Über einen Einströmkanal wird das Wasser mit den Nahrungspartikeln zu den Kiemen geleitet, und über einen Ausströmkanal verlässt das Wasser die Muschel wieder. An den Kiemen wird die Nahrung wie an einer Reuse abgefangen und durch Flimmerhärchen durch einen inneren Mund in den Magen transportiert. Im Muschelmagen geschieht nun Erstaunliches: Ein geleeartiger durchsichtiger Stab, auch Kristallstiel genannt, hilft bei der Sortierung, Zerkleinerung und Verdauung der Nahrung. Dieser Stab kann mehrere Zentimeter lang werden und ist bei der Sandklaffmuschel besonders auffällig, weil er etwa halb so lang wie die Schale ist (s. Bild). Der Stab dreht sich ständig um seine eigene Achse und sorgt für eine Durchmischung des Mageninhalts. Zusätzlich gibt er Verdauungsenzyme ab, die den Abbau von Kohlenhydraten beschleunigen. Eine wahrhaft multifunktionale Verdauungshilfe.

Sandklaffmuschel und ihr multifunktionaler Kristallstiel

Der Bio-Presslufthammer

Woher nehmen Dünengräser eigentlich die Kraft, sogar durch Betondeckwerke am Deich hindurch zu wachsen?

Pflanzen können tatsächlich verblüffende Kräfte entwickeln und sogar Asphalt und Beton aufbrechen. Dafür brauchen sie noch nicht einmal Sonnenlicht, sondern nur Wasser. Die Ursache für die enorme Energie der Pflanzen steckt in den einzelnen Pflanzenzellen. Man kann eine Pflanzenzelle mit einem Fußball vergleichen. Wird der Fußball aufgepumpt, entsteht im Inneren ein Druck. Die Lederhülle wirkt diesem Druck entgegen und verhindert so, dass der Ball platzt. Ähnliches passiert in der Pflanzenzelle, nur wird sie nicht mit Luft aufgepumpt wie der Ball, sondern mit Wasser.

Die treibende Kraft für das „Aufpumpen" der Pflanzenzelle ist die Osmose. Bei der Zellhülle handelt es sich um eine halbdurchlässige Membran. Das heißt, Wasser kann von außen in die Zelle dringen, aber die Zucker- und Salzmoleküle, die im Zellinnern gelöst sind, können nicht von innen nach außen gelangen. Da die Konzentration an gelösten Stoffen in der Pflanzenzelle viel größer als im Boden ist, dringt Wasser in die Zelle ein und erhöht den Druck. Die Zellwand verhindert dabei, dass die Zelle platzt. In den Spitzen der kleinen Pflanzen kann dieser Druck erstaunlich groß werden und Werte von 10 bis 20 bar erreichen. Zum Vergleich: Ein Autoreifen hat etwa 2 bar und ein Presslufthammer, der bei Straßenarbeiten benutzt wird, arbeitet mit einem Druck von 4 bis 7 bar. Kein Wunder also, dass Dünengräser wie Strandhafer und Strandroggen es schaffen, den Asphalt aufzubrechen

Man kann dieses Phänomen auch zu Hause in einem kleinen Experiment nachvollziehen und dabei die Auswirkungen der Osmose beobachten. Man nimmt 5-10 trockene Erbsen, legt sie in einen leeren Jogurtbecher und gipst sie 2-3 cm hoch ein. Die Erbsen entziehen dem Gips das Wasser, quellen auf und schon am nächsten Tag ist der hart gewordenen Gipsblock durch den Druck der sich ausdehnenden Erbsen in viele Teile gesprengt.

Strandhafer (oben) und Strandroggen (unten) durchwachsen das Deckwerk aus Beton und Asphalt der Lister Uferpromenade

Quallenplage am Strand

Warum kommen manchmal so viele Quallen am Strand vor?

Das massenhafte Vorkommen von Quallen am Strand hängt eng mit der Windrichtung zusammen. Sonniges und beständiges Urlaubswetter auf den nordfriesischen Inseln ist meist mit einer stabilen Ostwindwetterlage verbunden. Gerade der Ostwind ist es aber, der für das gehäufte Auftreten von Quallen verantwortlich ist. Er drückt das ufernahe Oberflächenwasser in Richtung offenes Meer. Der dadurch verursachte Wasserverlust am Strand wird aus den Tiefen der Nordsee ausgeglichen. In diesen bodennahen Wasserschichten leben die Quallen und werden dann mit der Strömung an die Sylter Strände verfrachtet.

Auch wenn sie wollten, diesem Transport haben die Tiere nichts entgegenzusetzen, denn ihre

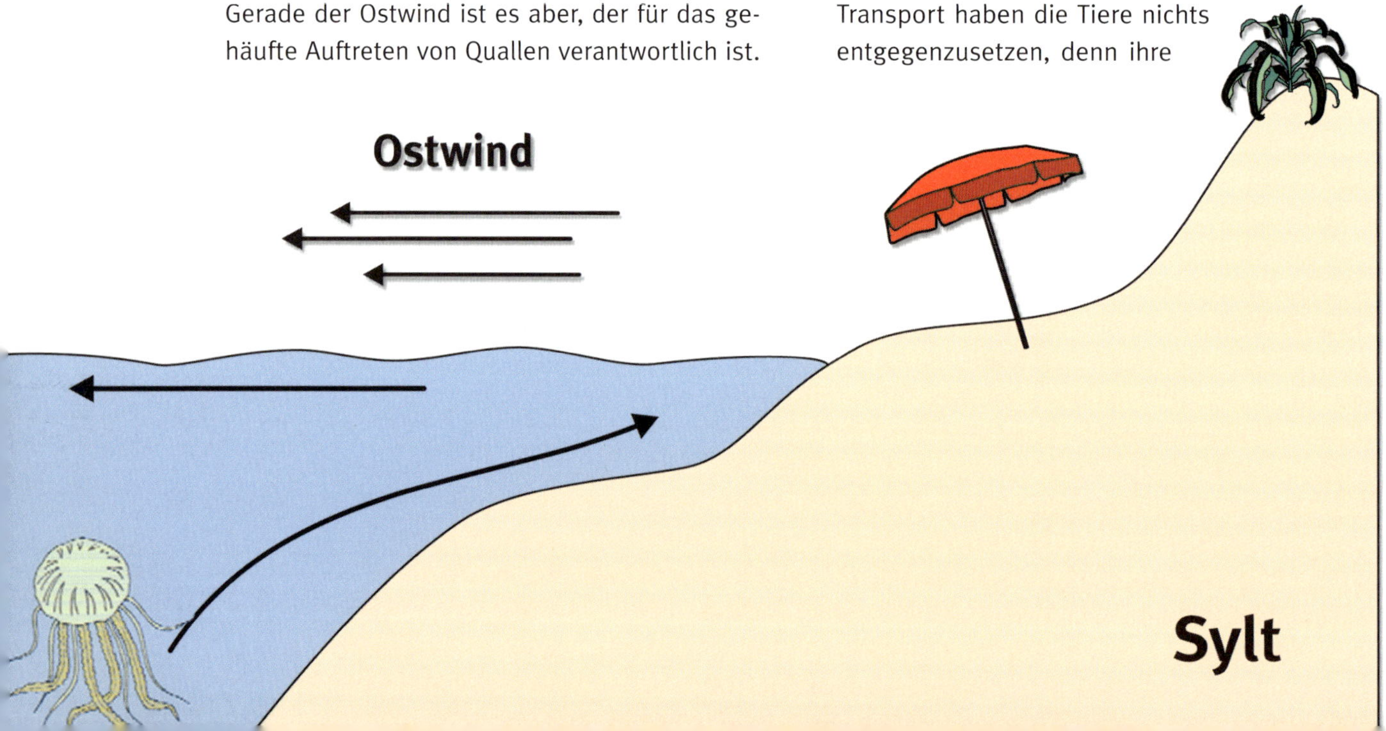

Eigenbewegung ist gegenüber der starken Geschwindigkeit der Wassermassen gering. Das vermehrte Auftreten der Quallen ist damit auf spezifische Wetterbedingungen und daraus resultierende Meeresströmungen zurückzuführen, also ein ganz natürliches Phänomen. Die Quallen selbst würden den Strand viel lieber meiden, denn hier steigt für die aus 98 Prozent Wasser bestehenden Tiere die Gefahr, auf den Sand geworfen zu werden, wo sie schnell vertrocknen. Auch wenn die Angst vor den Nesseltieren groß ist, nicht alle Arten verursachen bei Berührung Schmerzen. So ist die im Frühjahr erscheinende Ohrenqualle völlig harmlos und kann bedenkenlos angefasst werden. Erst im Hochsommer treten die stark nesselnde Blaue und Gelbe Nesselqualle, auch Feuerqualle genannt (s. Foto) auf, wobei letztere einen Durchmesser von bis zu einem halben Meter erreichen kann. Diesen beiden Arten geht man besser aus dem Weg. Regelmäßig im Sommer kommen auch die schön gezeichneten Kompassquallen vor, die aber mit ihrer geringen Nesselwirkung vergleichsweise harmlos sind.

Die Quallen-Mutter ist ein Polyp

Wie vermehren sich eigentlich Quallen?

Bei den meisten Quallenarten gibt es männliche und weibliche Individuen. Zur Fortpflanzungszeit gibt das Männchen seine Spermien ins Wasser ab und befruchtet die Eier der weiblichen Qualle. Aus den befruchteten Eiern entstehen jedoch keine neuen Quallen, sondern so genannte Polypen, die sich auf dem Meeresboden festsetzen.

Die Polypen sind oft nur wenige Millimeter groß und ernähren sich von Minikrebsen und anderem Kleingetier. Erst aus diesen Polypen entstehen dann die neuen Quallen. Dafür brauchen die Polypen aber keinen Partner, denn die jungen Quallen entwickeln sich ungeschlechtlich. Der Polyp schnürt die Quallenbabys einfach aus seinem Körper ab, die dann im freien Wasser zu den großen, uns vom Strand bekannten Quallen heranwachsen. Es wechseln sich also immer zwei Generationen ab: Die sich geschlechtlich fortpflanzenden Quallen (auch Medusen genannt) und die sich ungeschlechtlich fortpflanzenden Polypen, aus denen dann wieder die Quallen hervorgehen.

Ohrenqualle: Freischwimmende Meduse und am Boden sitzender Polyp (nicht maßstabsgetreu)

Giftiges Algen-Schwimmbad

Warum gibt es in Binnengewässern und in der Ostsee im Sommer manchmal Badeverbot, aber auf Sylt nicht?

Im Sommer kommt es immer wieder vor, dass Behörden Badeverbote für Seen und Teiche aussprechen müssen, weil giftige Algen massenhaft vorkommen und für Badende eine Gefährdung darstellen. Auch im Meer gibt es giftige Algen, und sommerliche Badeverbote kennen wir auch von der Ostsee. Giftige Algen – wie auch giftige Pilze – gibt es seit Jahrtausenden. Ihr Vorkommen ist unabhängig von der Verschmutzung der Gewässer. In Binnengewässern und in der Ostsee kommen vor allem giftige Blaualgen vor. Sie können Hautreizungen verursachen und zu Leberschäden führen, wenn der Mensch zu viel Wasser beim Schwimmen verschluckt. Hunde und Kühe sind schon gestorben, wenn sie Wasser, in dem Blaualgen massenhaft vorkamen, getrunken haben. Im Meer vor Sylt kommen Blaualgen aber so gut wie nie in schädlichen Konzentrationen vor. Hier drohen Gefahren eher von Algen aus der Gruppe der Panzergeißlinge (Dinoflagellaten), die zum Teil für Menschen tödliche Gifte bilden. Diese Gifte sind zwar beim Baden ungefährlich, werden aber von Muscheln angereichert, die diese mit dem Wasser aufnehmen. Wenn der Mensch diese Muscheln isst, kann er entweder Brechdurchfall bekommen oder sogar an Herzmuskelstörungen sterben. Unsere Nahrungsmittelüberwachung – unterstützt durch die regelmäßig durchgeführte Algenüberwachung des Landesamtes für Naturschutz und der Wattenmeerstation Sylt – ist allerdings so zuverlässig, dass in Deutschland seit Jahrzehnten kein Vergiftungsfall mehr aufgetreten ist. Riskant ist es allerdings Muscheln selbst zu sammeln, denn ihnen ist nicht anzusehen, ob sie durch die Algen giftig geworden sind oder nicht (siehe auch Seite 4).

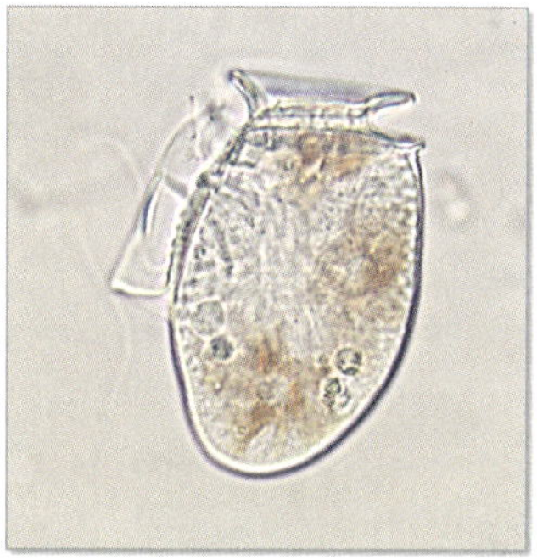

Die auch vor Sylt vorkommende Alge Dinophysis kann Brechdurchfall hervorufen

Die Nordsee macht größer

Ich war neulich an der Ostsee und da waren die Miesmuscheln viel kleiner als im Sylter Watt. Wie kommt das?

Die Miesmuschel (*Mytilus edulis*), die vor Sylt ausgedehnte Muschelbänke bildet und auch in den Häfen Pfähle und Steine besiedelt, kann bis zu 15 cm groß werden. Für gewöhnlich erreichen die Tiere aber nur eine Schalenlänge zwischen 5 und 8 cm. Das Wachstum dieser marinen Filtrierer, die zurecht als „Klärwerke des Meeres" bezeichnet werden, hängt stark von den Standortbedingungen ab. Dazu zählen das Nahrungsangebot, die Temperatur, die Überflutungsdauer und der Salzgehalt des Wassers.

Sind die Umweltbedingungen nicht optimal, zeigen die Miesmuscheln ein eingeschränktes Wachstum. So ist beispielsweise zu beobachten, dass die Miesmuscheln in Zonen mit geringem Salzgehalt des Wassers kleiner bleiben als in Zonen mit hohem Salzgehalt. Da die Ostsee weniger salzig ist als die Nordsee, sind hier auch die Miesmuscheln im Durchschnitt etwas kleiner. Warum sich jedoch der Salzgehalt so stark auf das Wachstum der Muscheln auszuwirken scheint, ist bislang ungeklärt.

Neue genetische Untersuchungen zeigten, dass die kleinere Miesmuschel der Ostsee einer anderen Art (*Mytilus trossulus*) als die der Nordsee angehört. Sie kommt auch an amerikanischen Küsten vor und bleibt auch dann ziemlich klein, wenn der Salzgehalt hoch ist.

Ein weiterer wichtiger „Standortfaktor" ist die Nahrung. Miesmuscheln sind in ihrer Jugendphase sehr beweglich und können so schlechten Nahrungsbedingungen ausweichen. Später verwachsen sie über Haftfäden, sogenannte Byssusfäden, fest mit ihrer Unterlage und ernähren sich, indem sie kleine Schwebepartikel, das Plankton, aus dem Wasser filtern. Die Filtrierleistung ist dabei enorm. Eine einzige Miesmuschel ist in der Lage bis zu 20 Liter Meerwasser am Tag durchzufiltern. Im Sommer, wenn die einzelligen Algen im Meer blühen, können sich in den Muscheln auch so genannte Algentoxine anreichern, siehe auch Seite 4 und 50.

Miesmuschelbänke sind Oasen der Artenvielfalt

Öffentliche Toiletten für Seehunde

Wohin gehen Seehunde eigentlich aufs Klo?

Der „Klogang“ findet immer dort statt, wo sich die Tiere gerade aufhalten. Das passiert normalerweise im Meer, aber auch schon einmal auf der Sandbank, auf der sich die Tiere ausruhen. Seehunde verbringen etwa drei Viertel ihres Lebens im Wasser. Die meiste Zeit sind die Tiere damit beschäftigt, ihre Nahrung zu suchen. So kann ein einzelner Beutezug bis zu drei Tage andauern. Dabei sind Seehunde echte Sprinter: Bei ihrer Jagd können sie bis zu 30 km/h schnell schwimmen und tauchen. Zu ihrer Nahrung zählt im Prinzip alles, was ihnen vor die Schnauze kommt. Dazu gehören verschiedenste Fischarten, kleine Krebse, Garnelen, Muscheln und auch Schalentiere wie Schnecken und Muscheln.

Mit jeder Nahrung nehmen Seehunde eine große Menge an Salz auf und das ist auch eines der Hauptprobleme, das die Tiere bei ihrer Verdauung haben. Die Seehunde müssen dieses Salz wieder loswerden, denn in zu hoher Konzentration ist es giftig für ihren Körper. Im Gegensatz zu Möwen und Meeresenten besitzen Seehunde keine Salzdrüsen, mit denen sie das Salz aktiv aus dem Körper ausscheiden können.

Seehunde haben in ihrer Evolution vom ehemaligen Landtier zum Meeresbewohner einen anderen Weg gefunden: Ihre Niere kann einen hoch konzentrierten Harn herstellen, durch den die überschüssigen Salze aus dem Körper ausgeschieden werden. Neben dem außergewöhnlich konzentrierten Urin geben die Seehunde auch einen extrem festen Kot ab.

Prinzipiell können Seehunde im Wasser alles viel besser als an Land. So findet auch die Paarung der Tiere im Wasser statt und selbst schlafen ist im Wasser für sie kein Problem. Dieser Schlaf ist allerdings mehr ein Ruhen, denn nach spätestens 30 Minuten müssen die Tiere an die Oberfläche kommen um zu atmen, da dann ihr Sauerstoffreservoir im Körper aufgebraucht ist.

Wenige Anlässe binden die Seehunde an das Land. Die Geburt ihrer Jungen und das Ausruhen nach langen Beutezügen sind solche Momente, die dem staunenden Beobachter die beste Möglichkeit geben, an dem Leben dieser faszinierenden Tiere teil zu haben.

Schneckentreffen am Strand

Warum werden an manchen Strandabschnitten ganz bestimmte Muscheln und Schnecken in Massen gefunden – am Lister Watt zum Beispiel Pantoffel- und Wendelschnecken –, an anderen aber nicht?

Die Schalen von Muscheln und Schnecken im Strandanwurf stammen meist vom unmittelbar vorgelagerten Meeresboden, wo die betreffenden Arten in dichten Siedlungen vorkommen. Besonders bei Stürmen werden die Schalen aufgewirbelt und durch die Meeresströmungen an bestimmten Strandabschnitten zusammengespült. Je nach Windrichtung verändern sich die Strömungsverhältnisse, daher sind auch die massenhaften Schalen nicht immer an den gleichen Stellen zu finden.

Sylter Turm- und Nabelschnecken aus dem Eem-Meer

Wenn Meeressedimente von Strömungen und Wellen weggespült werden, können auch Schalen von Schnecken und Muscheln an die Oberfläche kommen, die vor Sylt gegenwärtig lebend gar nicht mehr vorkommen. Das gilt zum Beispiel für die seit rund 50 Jahren durch Raubbau bei Sylt ausgestorbene Europäische Auster, deren Schalenklappen immer noch häufig an einigen Strandabschnitten zu finden sind. Gelegentlich finden sich sogar Schalen von Schnecken und Muscheln, denen man nicht ansieht, dass sie schon hunderttausend Jahre im Meeresboden gelegen haben. Sie stammen aus dem Eem-Meer, das die Stelle der Nordsee zwischen Saale-Eiszeit (vor 230 000 bis 130 000 Jahren) und Weichsel-Eiszeit (vor 115 000 bis 10 000 Jahren) einnahm. Turm- und Nabelschnecken (s. Foto) am Lister Strand stammen aus dieser Zeit. Pantoffelschnecken sind dagegen Neulinge. Sie wurden erstmals 1932 vor Sylt gefunden und stammen aus Amerika, von wo sie mit Austern nach Europa eingeschleppt wurden.

Seenebel ist gut für die Ohren

Wie entsteht eigentlich Seenebel und kann man Geräusche der Umwelt bei Nebel besser oder schlechter hören?

Nebel entsteht wenn mehr Wasserdampf in die Luft gelangt, als diese aufnehmen kann. Das ist auch bei Seenebel so, und dieser kann auf Sylt auf zwei verschiedene Arten entstehen.

Zum einen kann er sich an warmen, windstillen Tagen über den trocken gefallenen Wattflächen auf der Ostseite der Insel bilden. Der Wattboden erwärmt sich dann und gibt Wasserdampf an die Luft ab. Wenn die Luft zu 100 Prozent mit Wasserdampf gesättigt ist, entsteht Seenebel. Zum anderen kann Seenebel aber auch bei Ostwind an der Westseite von Sylt entstehen. In diesem Fall werden die wärmeren, oberflächennahen Wasserschichten auf die offene See gedrückt und kälteres Wasser kann von unten aufsteigen. Dadurch bekommen die kälteren Wasserschichten Kontakt zur wärmeren Luftmasse und an der Wasseroberfläche setzt Kondensation ein.

Wasser ist ein besserer Leiter als Luft. Das gilt für den elektrischen Strom genauso wie für Geräusche. Deshalb kann sich ein Ton im Nebel wesentlich besser verbreiten als in ungesättigter Luft und wir hören bei Nebel besser. In der Schifffahrt wird dieses Phänomen genutzt, indem warnende Geräusche durch Nebelhörner oder Nebelglocken abgegeben werden.

Es rauscht in Meer und Schneckenhaus

Wie entsteht das Meeresrauschen und wieso kann man das Meer auch hören, wenn man ein Schneckengehäuse ans Ohr hält?

Das Rauschen des Meeres ist ein akustisches Phänomen, dass sich vor allem aus dem Geräusch brechender Wellen und Windgeräuschen zusammensetzt. Die am Strand brechenden Wellen erzeugen ein charakteristisches akustisches Signal, das jedem Strandspaziergänger bekannt ist. Bricht die Welle direkt vor uns, können wir das „Klatschen" der Wassermassen auf den Strand unddas „Auslaufgeräusch" über den Steinchen hören. Brechen viele Wellen in unterschiedlicher Entfernung, überlagern sich diese Einzelgeräusche. Wir können die Signale der einzelnen Wellen nicht mehr voneinander unterscheiden, da der Schall eine gewisse Zeit braucht, um unser Ohr zu erreichen.

Sich derartig überlagernde Signale bezeichnet man als „Rauschen". Wenn wir eine große Meeresschnecke an unser Ohr halten, können wir ebenfalls ein Rauschen hören. Dies ist jedoch natürlich nicht das Meeresrauschen, sondern es sind Hintergrundgeräusche, die in unserer Umgebung erzeugt werden, die wir aber im Normalfall gar nicht hören, weil sie für unser Gehör viel zu leise sind und von lauteren Geräuschen überschattet werden. Bestimmte Frequenzen dieser Hintergrundgeräusche versetzen das Schneckenhaus in Resonanz, und die geschwungene Luftsäule im Inneren der Schnecke wird zum Schwingen angeregt. Dadurch werden die leisen Hintergrundgeräusche verstärkt und für uns hörbar. Außerdem filtert das Schneckenhaus die lauten Geräusche heraus, da sie unser Ohr isoliert. Wir können uns dann ganz auf das „Meeresrauschen" im Schneckenhaus konzentrieren.

Auch in der Wellhornschnecke rauscht das Meer

Erdkröten auf Irrwegen

Wir haben am Lister Oststrand kleine Kröten gesehen. Was machen die da?

Die häufigste Kröte auf Sylt ist die Kreuzkröte, die gern auf sandigen Böden lebt und an einer gelben Längslinie auf dem Rücken zu erkennen ist. Im September 2004 tauchten in List jedoch auch tausende von 2-3 cm kleinen Erdkröten auf, die in Gärten, auf den Straßen und sogar am Strand anzutreffen waren. Die Erdkröte ist von zahlreichen Warzen bedeckt und auf Rücken und Bauchseite unregelmäßig braun betupft. Sie stellt keine besonderen Ansprüche an ihre Umwelt und ist daher die häufigste Amphibienart in Deutschland.

Liegen die Lufttemperaturen im Frühjahr für mehrere Tage über 3 Grad, beginnen die Erdkröten ihre Wanderung zu den Laichgewässern. In List ist dies vor allem das Gewässer im Lister Koog. Ein Weibchen kann bis zu 8 000 Eier produzieren, die in meterlangen Laichschnüren zwischen Wasserpflanzen abgelegt werden. Aus den geschlüpften Kaulquappen werden junge Kröten, die meist im Juni die Laichgewässer verlassen. Im September sind sie bereits etwa 3 cm groß und hüpfen in alle Richtungen auf der Suche nach einem geeigneten Überwinterungsplatz. Dabei kann es durchaus vorkommen, dass sich eine Jungkröte bis auf den Strand vorwagt. Doch schnell wird sie ihren Irrtum bemerken und sich vom Meer entfernen, denn salzhaltiges Wasser können die meisten Amphibien nur kurz vertragen. Noch vor dem ersten Nachtfrost müssen die Kröten ein möglichst frostfreies Quartier gefunden haben. Mit Vorliebe verstecken sie sich unter Holz, im Laub oder in Erdlöchern. Im Frühjahr begeben sich die Erdkröten dann wieder auf den Weg zu ihren Laichgewässern, wobei die meisten dorthin laufen, wo sie selbst geboren wurden. Die Geschlechtsreife wird jedoch meist erst im 3. Lebensjahr erreicht. Wie die Kröten bei ihren nächtlichen Wanderungen den bis zu 3 km langen Weg zu „ihrem" Gewässer finden, ist immer noch nicht genau geklärt. Hier sind sowohl das Erdmagnetfeld als auch „gute Ortskenntnisse" von Bedeutung.

Junge Erdkröten beim Strandgang

Alpen ohne Alpenstrandläufer

Wie kommt der Alpenstrandläufer zu seinem Namen?

Die Alpenstrandläufer (*Calidris alpina*) — von vielen Vogelkundlern liebevoll „Alpis“ genannt — gehören in den Zugzeiten, also im Frühjahr und Spätsommer, zu den häufigsten Watvögeln im Wattenmeer. Im August konnten vor Sylt bis zu 100 000 Tiere gezählt werden. Dann befinden sich die Alpenstrandläufer auf dem Rückweg von ihren Brutgebieten in Skandinavien und Nordrussland zu den Überwinterungsgebieten in Südeuropa und Afrika.

Seinen Namen hat der Alpenstrandläufer dem berühmten schwedischen Naturforscher Carl von Linné zu verdanken. In den Alpen selber brütet der Vogel nicht, doch im 19. Jahrhundert nannte man die skandinavischen Fjälls, die zu den Brutgebieten des Alpenstrandläufers gehören, auch „Lappländische Alpen“ – sie waren Namensgeber für den Vogel.

Im sommerlichen Prachtkleid ist der Alpenstrandläufer, der etwas kleiner als ein Star ist, gut an seinem schwarzen Bauchfleck zu erkennen. Im Spätsommer wechselt er das Gefieder und legt sich ein so genanntes Schlichtkleid mit weißer Unterseite an. Im Oktober sieht man vor Sylt dann nur noch wenige Tiere im Prachtkleid. Wenn alle Vögel gleichzeitig ihre Flugrichtung wechseln, kann die Farbe des Schwarms schlagartig von hell nach dunkel wechseln und umgekehrt.

Die Flugkünste des kleinen Watvogels sind äußerst beindruckend. Besonders bei Hochwasser steigen riesige Schwärme in die Luft, vollführen gemeinsame akrobatische Luftmanöver und setzen sich nieder, um auf die Ebbe zu warten. Bei Niedrigwasser stochern die Alpenstrandläufer einer Nähmaschine gleich im Wattboden herum, um ihre Beute aufzuspüren. Mit Hilfe empfindlicher Sinneszellen im Schnabel stöbern sie mit Vorliebe kleine Würmer und Schnecken auf.

Zwei Alpenstrandläufer im Prachtkleid

Möwenschiss mit Krähenbeere

Neulich hat mich ein „Möwenschiss“ knapp verfehlt. Der war aber gar nicht weiß, sondern dunkellila. War die Möwe krank?

Die Besorgnis um die Möwe ist unnötig, sie erfreute sich wahrscheinlich allerbester Gesundheit. Zumindest hatte sie noch Appetit, und zwar auf die Krähenbeere. Dies ist ein Strauchgewächs, das auf Sylt vor allem in den Braundünen, also den älteren Dünengesellschaften, vorkommt. Die Art ist auf saure Böden angewiesen, deshalb findet man die Sträucher zwar auf Sylt und Amrum, aber nicht auf den ostfriesischen Inseln. Dort sind die Dünen zu kalkhaltig. Der lateinische Name der Krähenbeere lautet *Empetrum nigrum*, und das nigrum steht für „schwarz“. Die Beeren des Gewächses sind dunkellila bis schwarz, etwa wie Holunderbeeren. Für Möwen sind sie eine willkommene Zwischenmahlzeit, denn sie sind zwar etwas wässrig, aber reich an Vitaminen. Auf Grund der in ihnen enthaltenden Alkaloide verfügen sie allerdings über eine extrem abführende Wirkung: In den Sommermonaten beweisen das zahlreiche lila Kleckse in der Landschaft! Werden die Beeren aber gekocht, zerfallen die abführenden Stoffe, so dass Krähenbeerenmarmelade erstens sehr lecker schmeckt und außerdem keine unerwünschten Nebenwirkungen hat.

Krähenbeerbüsche werden sehr alt: Bis zu 140 Jahre haben einige von ihnen auf dem Buckel, zehn Zentimeter wachsen sie etwa in einem Jahr.

Die Krähenbeere gehört zu den Heidegewäschsen

Das Salz in der Suppe

Warum ist das Meer eigentlich salzig?

Die ersten Ozeane sind vor über 3,5 Milliarden Jahren entstanden. Vermutlich spuckten damals Vulkane wasserhaltige Gase aus dem Erdmantel hervor. Der Dampf kondensierte in der Atmosphäre und der Regen füllte allmählich die tiefer liegenden Regionen der Erdoberfläche mit Wasser. Salze gelangten einerseits über die Vulkanausbrüche aus dem Erdinneren ins „Urwasser", andererseits löste das ansteigende Wasser Salze aus den Gesteinen an der Erdoberfläche. Auch über Flüsse wurde ausgewaschenes Salz in die Meere transportiert.

So nahm der Salzgehalt der Meere im Laufe der Erdgeschichte zunächst ständig zu. Doch seit etwa 1,5 Milliarden Jahren hat sich der Salzgehalt der Meere nur noch wenig verändert. Heute beträgt der durchschnittliche Salzgehalt der Weltmeere 3,5 Prozent, das heißt, in einem Liter Wasser befinden sich 35 Gramm Salz. Das meiste davon ist übrigens Natriumchlorid, das Kochsalz, das sich in jeder Küche findet. In warmen Gebieten mit starker Verdunstung — wie im Roten Meer – steigt der Salzgehalt bis auf 4,1 Prozent an. In manchen Lagunen und Wüstenseen bildet sich sogar eine feste Salzkruste an der Oberfläche, die so haltbar wird wie Eis polarer Gewässer. An Küsten mit viel Sonne war früher die Meersalzgewinnung in angelegten Verdunstungsteichen ein bedeutender Wirtschaftsfaktor. In anderen Meeren kommt es durch Flüsse oder andere Süßwasserzufuhr zur Verdünnung des Meerwassers und der Salzgehalt verringert sich. So hat die Ostsee weniger als 2 Prozent Salzgehalt, vor den nordfriesischen Inseln sind es etwa 3,2 Prozent.

Wieso nimmt heutzutage der Salzgehalt der Meere nicht weiter zu, obwohl doch Flüsse und Vulkane auch heute noch Salz ins Meer „streuen"? Der Grund ist, dass dem Meer nicht nur Salze zugeführt, sondern auch wieder entzogen werden. Beispielsweise bauen Schnecken und Muscheln Salze in ihre Schalen ein.

Auch Wind kann dem Meer Salz entziehen, indem er Meerwasser mitreißt und an Land verfrachtet. Jeder strandwandernde Brillenträger und fensterputzende Insulaner kann ein Lied von dem salzigen Belag singen. Aber auch das Absinken von Sedimenten und chemische Reaktionen am Meersboden haben einen Anteil an der Salzentsorgung. Auf diese Weise hat sich im Laufe der Zeit in den Meeren ein Salzgleichgewicht eingestellt.

Die Kammern eines Tintenfisches – Schulp

Ich habe am Strand eine weiße Schale gefunden, die man auch im Zooladen für Wellensittiche kaufen kann. Was ist das?

Die weißen Schalen (Bild rechts) nennt man „Schulp". Sie stammen von dem Tintenfisch *Sepia officinalis* (Foto unten), der versteckt auf dem Meeresboden lebt. Tintenfische gehören wie Muscheln und Schnecken zu den Weichtieren (Mollusken). Die Sepia hat als inneres Skelett keine Wirbelsäule wie die Fische, sondern eine kalkige Schale, den Schulp. Dieser wird nach dem Absterben des Tieres an die Küsten gespült und häufig als Schnabelwetzstein für Käfigvögel eingesetzt. Der Schulp besteht aus vielen winzigen Kammern und ist von Lufträumen durchzogen, die dem Tier im Wasser Auftrieb geben. Deshalb schwimmt er nach der Verwesung der Sepien an die Oberfläche und wird an die Küsten gespült. Besonders an der südlichen Nordseeküste treffen sich jedes Jahr die Sepien zur Paarung und so werden bei Windrichtungen aus Südwest Sepiaschalen öfter an die Strände von Sylt gespült.

Bei Gefahr kann die Sepia schwarze Tinte ausstoßen

Schaumstoffbälle am Strand

Am Strand findet man häufig gelbe Bälle, die aussehen wie Schaumstoff. Handelt es sich dabei um Abfall oder einen Schwamm?

Hierbei handelt es sich um ein Eigelege der Wellhornschnecke, der größten Meeresschnecke in unseren Gewässern. Die Gelege haben für gewöhnlich die Größe einer geballten Faust. Manchmal legen aber mehrere Weibchen gemeinsam ihre Eier ab und dann entstehen besonders große Ei-Pakete. Zwischen Winter und Frühjahr legen die weiblichen Wellhornschnecken ihre Eier an festen Substraten wie zum Beispiel Miesmuschelbänken oder Steinen ab. Jedes Ei-Paket besteht aus bis zu 2000 erbsengroßen Kapseln. Das Besondere daran: In jeder einzelnen Kapsel befinden sich wiederum bis zu 1000 Eier, von denen aber nur wenige befruchtet sind und sich zu neuen Schnecken entwickeln. Die meisten Eier sind lediglich „Nähreier" und dienen den zuerst geschlüpften Babyschnecken als Nahrung. Eine geniale Einrichtung, denn so ist gewährleistet, dass die kleinen Schnecken in ihrer Kinderstube gleich einen gedeckten Tisch vorfinden und sich erst später, wenn sie ein wenig größer sind, im weiten Meer Nahrung suchen müssen. Gleichzeitig sind die Minischnecken in den traubenförmigen Ei-Paketen hervorragend vor gefräßigen Fischen und Krebsen geschützt. Nach mehreren Monaten schlüpfen aus den Gelegen etwa drei Millimeter große, fertig entwickelte Wellhornschnecken. Die Eiballen treiben dann häufig im Meer herum und werden an unsere Strände gespült. Sie wurden früher auch als „Seeseife" bezeichnet, weil sie die Fischer zum Reinigen ihrer Hände benutzt haben.

Drei Wellhornschnecken produzieren gemeinsam einen grossen Ballen voller Eikokons

Rocheneier im Spülsaum

Ich habe am Strand diese schwarzen Gebilde gefunden. Was ist das?

Es handelt sich um Eikapseln des Sternrochens (lateinisch *Raja radiata*), die nicht selten im Spülsaum am Sylter Weststrand zu finden sind (Bild rechts). Die Eikapseln sind meist leer, da der Embryo bereits geschlüpft ist. Die Kapseln haben an jeder Ecke einen ausgezogenen Fortsatz, der zur Befestigung der Eier an Algen oder Steinen dient.

Der Sternrochen wird etwa 90 cm lang und ernährt sich von Krebsen, Garnelen und kleineren Fischen. Rochen gehören wie Haie zu den Knorpelfischen. Kaum bekannt ist, dass die Rochen im 17. und 18. Jahrhundert an der nordfriesischen Küste so zahlreich waren, dass der Rochenfang auf Sylt ein blühendes Fischereigewerbe war.

Gefangen wurde allerdings nicht der Sternrochen, sondern die größeren Nagelrochen und Glattrochen. Sie verfingen sich bei ablaufendem Wasser in so genannten Stellnetzen, die zwischen Pfähle gespannt wurden. Um 1800 wurden die Rochen an der nordfriesischen Küste aus nicht genau bekannten Gründen jedoch so selten, dass diese Form der Küstenfischerei aufgegeben wurde.

Heute sind die großen Rochen sogar in der offenen Nordsee extrem selten geworden. Als Ursache wird die intensive Nordseefischerei mit ihren engmaschigen Netzen vermutet. Lediglich der kleinere Sternrochen, der bereits im Alter von zwei Jahren geschlechtsreif wird, kommt noch in größeren Beständen vor, wie die Eikapseln am Sylter Strand belegen.

Seltenes Exemplar eines weißen Sternrochen im Multimar Wattforum

Leere Eikokons der Sternrochen am Sylter Weststrand

Miniquallen, die aussehen wie Kontaktlinsen

Am Weststrand lagen im August tausende kleiner Dinger im feuchten Sand, die wie Kontaktlinsen aussahen. Beim Schwimmen spürte man auch was Glibberiges zwischen den Fingern. Waren das Babyfeuerquallen?

Es waren tatsächlich Quallen, allerdings keine Feuerquallen, sondern eine für den Menschen völlig ungefährliche Art. Mit wissenschaftlichem Namen heißt sie *Eucheilota maculata* (s. Foto) – einen deutschen Namen gibt es dafür gar nicht.

Diese Quallen werden nur etwa 1 bis 2 Zentimeter groß, sind fast durchsichtig und daher im Wasser kaum sichtbar. Vor Sylt, wo man sie manchmal spüren kann, wenn sie beim Schwimmen die Finger berühren, sind sie vor allem im August sehr zahlreich.

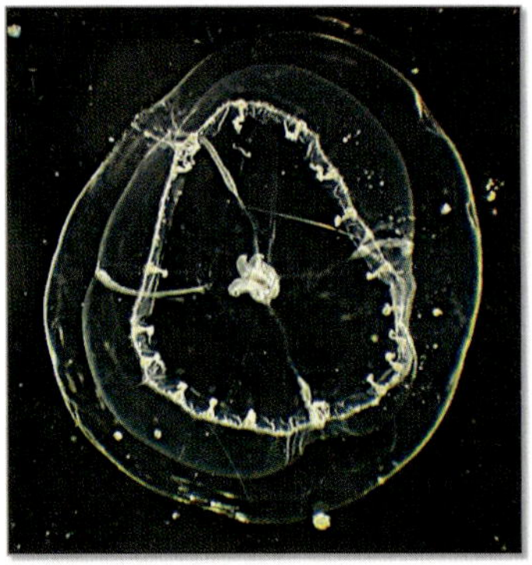

Die „Kontaktlinsenqualle“ leuchtet im Dunkeln

Quallen gehören zum Plankton. Das heißt, sie schweben im Wasser und können nicht – wie z.B. Fische – gegen die Meeresströmungen anschwimmen. Deshalb können sie sich auch nicht wehren, von der Strömung an den Strand gespült zu werden.

Wie die meisten Quallen ernährt sich auch diese von kleinen Tierchen, die sie mit Hilfe ihrer bis zu 30 Tentakeln aus dem Wasser fängt. In jedem Tentakel sind Tausende kleiner Harpunen, so genannte Nesselkapseln, mit denen die Qualle ihre Beute lähmt, um sie anschließend aufzufressen. Im Gegensatz zu den größeren Feuerquallen sind die Nesselkapseln der Miniqualle für uns Menschen aber vollkommen harmlos. Daher brennt es auch nicht, wenn die Quallen uns berühren, sondern es ist eben nur ein komisches Gefühl, durch Millionen dieser Winzlinge zu schwimmen. Wie viele andere Meerestiere hat auch die Miniqualle eine besonders faszinierende Eigenschaft: Sie leuchtet im Dunkeln (vgl. S. 42) und macht nächtliches Schwimmen zu einem Erlebnis.

Die extravaganteste Insel-Schnecke

Am Hörnumer Strand habe ich ein ungewöhnliches Schneckengehäuse mit großem Fortsatz gefunden. Worum handelt es sich?

Bei dem Strandfund handelt es sich um einen so genannten Pelikanfuß (*Aporrhais pespelecani*). Die Schnecke hat diesen Namen bekommen, weil die spitzen Fortsätze der Schalenöffnung an den Schwimmfuß eines Pelikans erinnern.

Bei Jungtieren fehlen die Fortsätze noch, sodass sie leicht mit Turmschnecken verwechselt werden können. Die erwachsenen Tiere werden bis fünf Zentimeter groß und leben in der Nordsee, der westlichen Ostsee und im Mittelmeer in bis über 100 Meter Wassertiefe. Der Pelikanfuß lebt eingegraben in Sand oder Schlick und ernährt sich von kleinen Algen und organischen Partikeln, die er aus dem Wasser filtert oder mit seinem „Rüssel" von der Oberfläche absammelt.

Es gibt weltweit viele verschiedene Arten von Pelikanfüßen, die zum Teil beliebte Sammelobjekte sind. Vor allem bei tropischen Arten sind die Fortsätze besonders lang und ansehnlich. Wenn auch nicht ganz so ausgefallen, ist unsere heimische Variante doch sicherlich die extravaganteste Schnecke der Nordsee und daher ein geschätzter und zudem recht seltener Strandfund. Fast immer sind die Pelikanfüße am Sylter Strand Fossilien, die aus dem Eem-Meer stammen, das in der letzten Zwischeneiszeit die Stelle der Nordsee einnahm (siehe auch Seite 56).

Ein Krebs mit Namen „Entenmuschel“

Ich habe am Weststrand diese merkwürdigen weißen Tiere gefunden, die mit einem Stiel an Algen fest geklebt waren. Was ist das?

Bei dem Fund handelt es sich um so genannte Entenmuscheln. Diese Tiere leben auf Treibholz oder Algen in der Nordsee und werden bei entsprechender Windrichtung gelegentlich an den Strand getrieben. Der Name Entenmuscheln ist zwar gebräuchlich aber eigentlich völlig falsch, weil diese Tiere weder etwas mit Enten noch mit Muscheln zu tun haben.

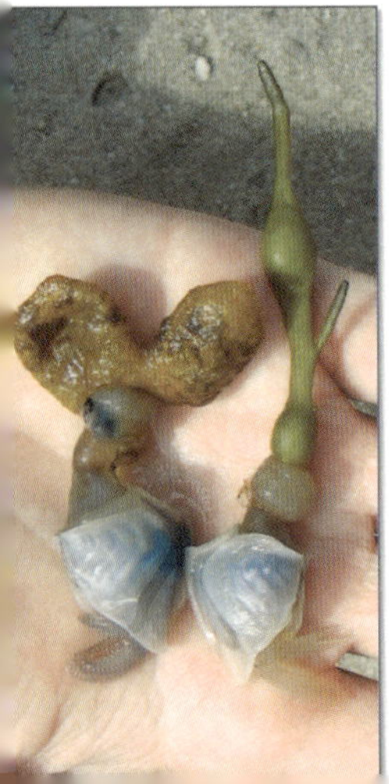

Es handelt sich nämlich um festsitzende Krebse, die eng mit den Seepocken verwandt sind (vgl. S. 36). Wie bei den Seepocken ist auch bei den Entenmuscheln der Körper von weißen Kalkplatten bedeckt, die von den Tieren selbst produziert werden. Auf den Bildern ragen die mit Borsten besetzten Beinchen aus dem weißen Körper hervor. Anders als bei den meisten anderen Krebsen dienen diese Beinchen nicht zur Fortbewegung, sondern ausschließlich zum Nahrungserwerb. Sie funktionieren wie ein Sieb, dass mit rhythmischen Schlagbewegungen Plankton aus dem Meer fängt.

Entenmuscheln Dosima fascicularis auf einer Hand (links) und im Wasser (oben)

Der Name Entenmuschel ist wohl dadurch entstanden, dass man die Tiere früher für angespülte Vogeleier hielt. Die bewimperten Fangbeine erinnerten an Federn von Küken, die aus dem Ei schlüpfen wollten. Lange Zeit wurde angenommen, dass Ringelgänse aus diesen „Eiern“ schlüpfen würden, denn Ringelgänse waren an den Küsten sehr häufig, aber niemand hatte sie je brüten sehen (sie brüten im sibirischen Eismeer).

Im frühen Mittelalter erklärten viele Klöster die Ringelgänse sogar zur zulässigen Fastenspeise. Sie argumentierten, dass es sich bei Ringelgänsen um Pflanzen handeln müsse, da ihre Eier ja aus Holz und Algen herauswuchsen. Diese Praxis wurde erst im Jahr 1215 von Papst Innozenz III. verboten.

Tiere, die wie Pflanzen aussehen

Moostierchen
Electra pilosa

Um welche Pflanze handelt es sich bei diesem Strandfund?

Sie haben keine Pflanze, sondern ein Moostierchen gefunden. Die Gruppe der Moostierchen (Bryozoa) ist vermutlich vor etwa 550 Millionen Jahren im Kambrium entstanden. Bislang haben Paläontologen mehr als 150 000 Arten beschrieben, die großteils ausgestorben sind. Heute gibt es noch rund 40 000 Arten, die überwiegend im Meer, teilweise aber auch im Süßwasser leben.

Am Sylter Strand werden die Moostierchen wegen ihrer ähnlichen Wuchsform oft mit Pflanzen verwechselt. Einige Moostierchen bilden flache, flechtenartige Krusten auf Steinen, Muscheln oder Algen. Andere sehen aus wie Blätter oder eben wie Moos. Moostierchen treten meist in Kolonien auf, die aus mehreren tausend Einzeltieren bestehen können. Die einzelnen Individuen sind etwa 1,5 mm groß und am besten mit einer Lupe zu erkennen. Bei vielen Arten wird die Arbeit in der Kolonie aufgeteilt. Einige Tiere sind für den Nahrungserwerb zuständig, andere für die Fortpflanzung oder zur Abwehr von Fressfeinden. Die meisten Moostierchen sind Zwitter. Sie können sich sowohl geschlechtlich fortpflanzen als auch ungeschlechtlich durch Knospung.

Moostierchen ernähren sich von Mikroalgen und organischem Material, das sie mit Hilfe von Tentakeln herbeistrudeln. Aufgrund dieser Ernährungsweise gehören sie, obwohl sie nicht so aussehen, ins Tierreich. Im Gegensatz zu Pflanzen, sind sie nicht in der Lage mit Hilfe der Photosynthese das Sonnenlicht als Energielieferant zu nutzen.

Moostierchen Flustra foliacea

„Heuhaufen" am Strand

Am Ufer auf der Sylter Wattseite findet man jeden Herbst viel Pflanzenmaterial, das aussieht wie Gras und Heu. Ist das der Herbst im Watt?

Ein Vergleich mit Heu ist gar nicht verkehrt, denn es handelt sich tatsächlich um abgestorbene Seegräser, die im Herbst mit den Wellen an den Strand gespült werden und grün-bräunliche Pflanzenhaufen bilden. In der kalten Jahreszeit kommt auch die Natur unter Wasser zur Ruhe. Viele Pflanzen und Tiere reduzieren ihr Wachstum oder stellen es ganz ein und dazu gehören auch die Seegräser.

Seegräser sind im Sylter Wattenmeer mit zwei Arten vertreten. Sie kommen vor allem im oberen Gezeitenbereich vor und an Stellen wo sie vor starker Strömung und Wellenschlag geschützt sind. Hier können sie richtige Wiesen ausbilden, so dass der Wattboden im Hochsommer vollständig mit den dunkelgrün leuchtenden Seegrasblättern bedeckt ist.

Im Herbst werden dann die Seegrasblätter abgeworfen oder durch heftige Stürme abgerissen. Danach treiben sie im Wasser, um schließlich an den Strand gespült zu werden, wo sie sich zu Heuhaufen auftürmen und dadurch die Ufer des Wattenmeeres säumen. Im Wattboden zurück bleiben Teile der Pflanzen, aus denen im nächsten Frühjahr die Seegräser auskeimen und erneut dichte, grüne Wiesen bilden.

Früher wurden Seegräser auch intensiv vom Menschen genutzt. Noch bis zu Beginn des 20. Jahrhunderts verwendete man das angespülte Seegras zum Befüllen von Matratzen. Auch zur Isolation und als Dachmaterial im Hausbau war es gut geeignet. Die Bedeutung des Seegrases für den Menschen hat zwar im Lauf der Zeit abgenommen, für das Wattenmeer ist es aber nach wie vor einer der wichtigsten Lebensräume, denn viele Tiere finden hier Schutz und beste Lebensbedingungen. Wenn im Herbst die Ringelgänse aus ihrem arktischen Brutgebiet zurückkehren, ist das Seegras ihr Leibgericht im Wattenmeer.

Im Herbst bilden abgestorbene Seegräser „Heuhaufen" auf der Sylter Wattseite

Algen-Omas und -Opas auf Nordsee-Reise

Am Sylter Weststrand findet man manchmal viele dunkelgrüne Algen mit Blasen. Was sind das für Algen?

Was da am Strand liegt, ist der so genannte Knotentang (*Ascophyllum nodosum*), der seinen Namen wegen der knotenförmigen, luftgefüllten Blasen bekommen hat, die ihm im Wasser Auftrieb verleihen.

Die Alge wächst an Felsküsten und ist daher auf Sylt ein angetriebener Gast. Das nächstgelegene Vorkommen des Knotentanges befindet sich auf Helgoland. Noch viel häufiger kommt er allerdings an brandungsgeschützten Felsküsten in Großbritannien, Irland, der Bretagne und Skandinavien vor. Wenn es in diesen geschützten Bereichen mal kräftig stürmt, werden einzelne Pflanzen vom Fels gerissen und treiben auf dem Meer umher, um schließlich nach einer Weile an einer Küste angespült zu werden.

Ihr Strandfund hat also eine weite Reise hinter sich und ist noch dazu recht betagt. Der Knotentang wächst nämlich nach anfänglich schnellem Wuchs nur etwa 1,5 cm im Jahr. Mit über einem Meter Länge kommen da schon einige Jahre zu-

sammen. Die größten Exemplare werden übrigens über zwei Meter lang und es wird geschätzt, dass sie über 60 Jahre alt sind.

Der Knotentang ist zwar grün, gehört aber trotzdem zur Gruppe der Braunalgen. Die Braunalgen kennzeichnet ein gemeinsamer Farbstoff, das Fucoxanthin. Braunalgen haben aber noch eine Vielzahl anderer Inhaltsstoffe. Einige davon machen sie wirtschaftlich sehr interessant. Vor allem die so genannten Alginate finden in den verschiedensten Bereichen Verwendung.

Als Verdickungsmittel werden sie Salatsaucen, Eiscremes, Joghurts und vielen anderen Lebensmitteln zugesetzt und die Kosmetikindustrie nutzt Alginate in Cremes. Sogar in der Bauindustrie finden Braunalgen Verwendung, indem die Alginate Zement, Beton und Asphalt zumischt werden, um die Wasserdurchlässigkeit der Materialien zu erhöhen.

Um den Bedarf an Algen für die vielfältigen Anwendungen zu decken, werden Braunalgen an manchen Küsten Europas und Nordamerikas in großem Stil geerntet. In Irland werden zum Beispiel jährlich 34000 Tonnen Knotentang per Hand von den Küsten geschnitten. Um die Ausbeute zu erhöhen, werden in Norwegen inzwischen speziell ausgerüstete Ernteschiffe benutzt. Zur Nutzung von Algen s. auch S. 21.

Seltener Klappmützen-Besuch am Strand von Klappholttal

Am Strand bei Klappholttal haben wir eine Robbe gesehen, die ungewöhnlich aussah. Gibt es außer Seehunden und Kegelrobben noch andere heimische Robben?

Seehunde und Kegelrobben sind die einzigen Robbenarten, die im Wattenmeer ihre Jungen gebären und daher als heimisch bezeichnet werden. Auf den hohen Sandbänken bei Sylt bringen die Seehunde ihre Jungen meist im Juni zur Welt. Dagegen werfen die Kegelrobben hier im Winter in den Monaten November und Dezember ihre Jungtiere, die dann noch etwa drei Wochen lang ein weißes Embryofell tragen, bevor sie es verlieren. Neben diesen beiden Arten kommen aber in seltenen Fällen auch noch andere Robben als Gäste nach Sylt. So wurde zum Beispiel Ende August 2004 ein Jungtier einer Klappmütze am Strand von Klappholttal zwischen List und Kampen gesichtet (s. Foto). Der Name Klappmütze stammt von dem Wulst, den die erwachsenen Männchen auf ihrem Kopf haben und auf die Größe eines Fußballs aufblasen können, wenn sie um ein Weibchen werben oder ihr Territorium verteidigen. Klappmützen werfen ihre Jungen auf dem Packeis des Nordatlantiks und säugen sie nur zwölf Tage. Anschließend unternehmen die Jungtiere ausgedehnte Wanderzüge, so dass sie manchmal sogar auf Sylt „vorbeischauen" wie schon einmal 1998. Anfang der 1960er, 1981 und Ende der 1990er Jahre wurde sogar jeweils ein Walross vor Sylt beobachtet. Als weitere Gäste im Sylter Wattenmeer wurden in der Vergangenheit einzelne Exemplare der Sattel- und der Ringelrobbe beobachtet.

Eine junge Klappmütze am Sylter Strand

Ein Schädelstück vom Schweinswal

Am Weststrand zwischen Rantum und Hörnum lag dieser Knochen. Von welchem Tier stammt er?

Bei dem Fund handelt es sich um einen Knochen vom hinteren Hirnschädel eines Schweinswals. Der Schädelknochen ist relativ klein, so dass es sich um ein Kalb gehandelt haben muss. Bei einem erwachsenen Tier sind die einzelnen Knochenplatten verknöchert, so dass man mit Sicherheit einen ganzen Schädel gefunden hätte; bei sehr jungen Tieren fallen diese leicht auseinander, da sie nicht verwachsen sind.

Schweinswale sind in den deutschen Gewässern der Nordsee die einzige heimische Walart. Zur ihrem Schutz wurde 1999 vor den Inseln Sylt und Amrum ein Walschutzgebiet eingerichtet. Die Schweinswale können bei ruhiger See und klaren Sichtverhältnissen vom Strand aus beobachtet werden, wie sie nahe am Ufer durch das Wasser gleiten. In den meisten Fällen bekommt man allerdings nur ihre Rückenflosse zu sehen, die beim Atem holen aus dem Wasser ragt. Die Schweinswalkuh bringt jährlich ein Junges zur Welt, das mehrere Monate gesäugt wird. Im Sommer sind schon häufig Walmütter mit ihren Sprösslingen beobachtet wurden, die sogar zwischen den Badegästen ihre Runden ziehen. Im Juni kalben die Schweinswale und man findet hin und wieder ein totes Tier am Strand. Dies ist nichts Ungewöhnliches, denn die natürliche Sterblichkeit bei Meeressäugern in der freien Natur liegt bei ca. 50 Prozent.

Die Steinzeit lässt grüßen – Der Unterkiefer eines Wolfes

Ich habe am Weststrand einen braunen Unterkiefer mit großen Zähnen gefunden. Von welchem Tier stammt der?

Bei diesem außergewöhnlichen Fundstück handelt es sich um die rechte Hälfte eines Wolfsunterkiefers. Wegen der Größe des Reißzahns lässt sich eindeutig erkennen, dass es sich um ein männliches Tier handelte.

Die braune Farbe ist typisch für einen Knochen, der Hunderte oder sogar tausende Jahre im Erdreich lag. Je nach Bodenbeschaffenheit kann die Farbe zwischen fast schwarz und hellbraun variieren. Wie alt der Unterkiefer nun genau ist, lässt sich nur mit aufwändigen und teuren Spezialuntersuchungen herausfinden. Ein Alter von mehreren tausend Jahren ist aber durchaus plausibel. Nach Ende der letzten Eiszeit vor etwa 10000 Jahren war der Meeresspiegel der Nordsee etwa 70 - 80 Meter niedriger als heute. Die schleswig-holsteinischen Jäger der Altsteinzeit konnten noch trockenen Fußes Ausflüge ins heutige England machen. In dem heute überfluteten Nordseebecken lebten damals neben Wölfen auch Rentiere, Riesenhirsche, Elche und Wildpferde.

Erst etwa zu Christi Geburt erreichte das Wasser eine ähnliche Höhe wie heute. Vermutlich ist der Wolfskiefer mit Sandvorspülungen an den Strand gelangt.

Zerfressenes Holz

Am Strand haben wir ein angespültes Stück Holz gefunden. Es war total durchlöchert und brach sofort auseinander. Wer macht das ?

Holz, das über einen längeren Zeitraum im Wasser umhertreibt, wird von vielen Meeresorganismen besiedelt. Algen und Muscheln heften sich daran und kleine Krebse nutzen es als Floß. Einige Tiere bohren sich sogar in das Holz hinein. Dazu gehört die bis zu 5 mm große Holzbohrassel mit dem wissenschaftlichen Namen *Limnoria lignorum*. Sie zerraspelt das Holz im Mund und bohrt dabei kreisrunde, reich verzweigte Gänge. Ein weiterer Holzzerstörer ist der „Schiffsbohrwurm“ *Teredo navalis*. Dieses Tier kann bis zu 20 cm lang werden und ist in Wirklichkeit gar kein Wurm, sondern eine Muschel mit wurmartigem Körper. Die Muschelschalen sind winzig klein, befinden sich am Vorderende des Körpers und dienen als Bohrer für die Wohnröhre im Holz. Der „Schiffsbohrwurm“ wurde schon früh mit Schiffen nach Europa eingeschleppt. Sowohl Holzbohrassel als auch Schiffsbohrwurm waren früher Schrecken der Seefahrer. In den Planken der Schiffe lebten sie buchstäblich wie die Made im Speck und manch stolzes Schiff ging durch die Bohrwut der Tiere verloren. Die einzige Möglichkeit den fleißigen Winzlingen paroli zu bieten, war die regelmäßige Anfahrt von Süßwasserhäfen. Dieses vertragen die Tiere nicht und sterben schnell ab. Mit den heutigen Stahlschiffen haben es der Schiffsbohrwurm und die Holzbohrassel schwer und Holzschiffe sind durch Schutzanstriche geschützt. Doch besonders in der Ostsee verursacht der Schiffsbohrwurm immer wieder große Schäden an hölzernen Bauwerken in Yachthäfen und Seebrücken. Bei Sylt werden die Pfahlbuhnen auf der Wattseite angebohrt.

Von Gängen der Holzbohrassel durchlöchertes Holzstück

Ein Stein, der aussieht wie eine Muschel

Handelt es sich bei diesem Stein, den ich am Weststrand gefunden habe, um eine versteinerte Muschel?

Der Stein sieht tatsächlich wie eine große Miesmuschel aus und man meint sogar, eine „Naht" zwischen den zwei „Schalen" zu erkennen. In Wirklichkeit handelt es sich hier aber nicht um ein Fossil, sondern um eine Flintknolle, die vermutlich mit den Sandvorspülungen an den Strand gelangt ist.

Flint, der auch Feuerstein genannt wird, bildete sich am Meeresboden in der Kreidezeit vor ca. 65 bis 100 Millionen Jahren. Schon damals lebten im Meer vielfältige Schalentiere wie Seeigel, Muscheln und Krebse. Nach ihrem Absterben sanken die Tiere auf den Meeresboden, wo sich ihre organischen Bestandteile auflösten. Zurück blieben die Kalkpanzer der Tiere, die unter dem hohen Druck des Wassers zu einer Masse zusammengepresst wurden, die wir als Kreide bezeichnen. In dieser Masse bildete sich der Feuerstein durch Kristallisation flüssiger Kieselsäure, die ebenfalls aus den Panzern der Lebewesen stammt. Die so entstandenen Flintknollen können die merkwürdigsten Formen haben und sehen manchmal aus wie versteinerte Tiere oder Pflanzen. Diese Stücke werden auch Pseudofossilien genannt.

Formenspiel der Natur: Eine Flintknolle (links) sieht einer Miesmuschel täuschend ähnlich

Ein versteinerter Seeigel

Worum handelt es sich bei diesem Stein und warum hat er eine so interessante Oberfläche?

Sie haben einen versteinerten Seeigel gefunden. In diesem Fall handelt es sich um einen inneren Abdruck eines Seeigels, der vermutlich vor 65 bis 75 Millionen Jahren in der Kreidezeit gelebt hat und mit saaleeiszeitlichem Geschiebe vor etwa 240 000 bis 180 000 Jahren nach Sylt transportiert wurde. Gut erkennbar ist die kugelige Form und die Anordnung der Kalkplatten des ehemaligen Gehäuses. Alle Seeigel haben eine abgeplattete Unterseite, auf der sich der Mund befindet. Die Öffnungen der Geschlechtsorgane sitzen dagegen auf der Oberseite. Versteinerte Seeigel wurden schon häufig vor Sylt gefunden, denn sie sind unter anderem zahlreich im Kampener Kliff gebunden. In den letzten Jahren wurden die Funde jedoch immer seltener, denn durch die Sandvorspülungen wird der Abbruch des Kliffs verhindert – und die Fossilien kommen nicht mehr frei.

Lebende Strand-Seeigel auf Meersalat

Die Feder einer Schleiereule

Von welchem Vogel stammen diese Federn?

Die Federn stammen von einer Schleiereule. Eindeutige Merkmale von Eulenfedern sind deren samtartige Oberflächen und sehr feine Haare an der Vorderkante der Handschwingen. Die Härchen zerteilen den Luftstrom, machen ihn dadurch „weich“ und sorgen für den leisen Flug der nächtlichen Jäger.

Schleiereulen sind außer in Polarregionen weltweit zu finden. Die Vögel mit der ausgeprägten herzförmigen Gesichtsmaske gelten als Kulturfolger und bewohnen oft menschliche Siedlungen. Sie nisten gerne in Scheunen, Kirchtürmen oder älteren Gebäuden. Ihre Nahrung besteht überwiegend aus Mäusen, die sie nachts auf Feldern und Weiden erbeuten. Da es immer weniger Brutplatzangebote gibt, ist die Schleiereule in unseren Breiten sehr selten geworden.

Möglicherweise stammen die Federn von einem durchziehenden Tier, das auf dem Weg Richtung Süden einen Stopp auf Sylt eingelegt und einige Mauserfedern verloren hat. Im Gegensatz zu vielen anderen Vögeln mausern sich Eulen das ganze Jahr über. Und zwar nur so viel, dass sie nicht flugunfähig werden, denn ein flugunfähiger Jäger würde schlicht verhungern.

Bild oben: Der herzförmige Gesichtsschleier macht die Schleiereule unverwechselbar
Bild unten: Feder einer Armschwinge der Schleiereule am Sylter Strand

Käpt'n Corl: Alles sehr schleierhaft ...

Nie hätte ich gedacht, dass der scheinbar harmlose Fund einer Eulenfeder die heftigsten Reaktionen auf unsere Zeitungsserie auslösen würde. Da bahnte sich ein echter Expertenstreit an. Zunächst brachte mir ein Leser drei wunderschöne Federn vorbei, die er am Weststrand bei Klappholtal gefunden hatte. Eine Szene wie aus einem Märchen. Leider hatte der Mann aber nicht drei Wünsche frei, sondern als waschechter Ornithologe Sinn für Realität. Er erkannte sofort, dass es sich um eine Eulenfeder handelte – sehr ungewöhnlich für einen Strandfund. Aber von welcher Eulenart? Alles Rätseln umsonst. Erst der Abgleich mit verschiedenen Eulenpräparaten konnte zur Aufklärung beitragen. Diagnose: Bei dem nächtlichen, seiner Federn beraubten Flieger handelte es sich eindeutig um eine Schleiereule. Doch nun kam Spekulation ins Spiel.

Wahrscheinlich, so wurde in der veröffentlichten Antwort unvorsichtiger Weise gemutmaßt, würden die Federn von einem durchziehenden Tier stammen, denn auf Sylt sei die Schleiereule als Brutvogel nicht bekannt. Hört, hört!

Das rief so einige Vogelfreunde auf den Plan. Ihnen schien der Sachverstand in diesem Fall begrenzter Natur, die Argumentation vorerst verschleiert. Denn sehr wohl seien selbige Eulen auf Sylt beheimatet. „Die normalste Sache von der Welt" behauptete beispielsweise ein pensionierter Polizist. Er und seine Kollegen können auf 15 Jahre währende Nachtstreifen zurückblicken, in denen sie nicht nur auf Verbrecherjagd gingen, sondern auch die nächtliche Vogelwelt observierten. Und da sei ihnen in schöner Regelmäßigkeit die eine oder andere Schleiereule um die Ohren geflogen. Nicht nur in List und Rantum, sondern auch in den Hörnumer Kasernen vermuteten sie Nist- und Brutplätze. Die über die Jahre gesichteten Tiere wurde auf 30 bis 40 geschätzt. Wobei die Frage erlaubt sein muss, ob es sich vielleicht um ein und dasselbe Exemplar gehandelt haben könnte. Erwähnt werden muss auch eine dritte Variante. Die Feder wurde gar nicht von einer Eule auf Sylt verloren, sondern könnte vom Festland angetrieben sein. Für mich bleibt die Sache also ungeklärt, um nicht zu sagen – schleierhaft.

Das geplante Erlebniszentrum Naturgewalten in List auf Sylt

Was ist das Erlebniszentrum Naturgewalten?

Ab 2007 soll auf dem Lister Hafenparkplatz ein Maritimes Umwelt-Erlebnis-Zentrum (MUEZ) entstehen (siehe Foto rechts).

Um die Idee des Erlebniszentrums Wirklichkeit werden zu lassen, haben sich alle auf Sylt in Meeresforschung sowie Natur- und Küstenschutz tätigen Verbände im Freundeskreis MUEZ zusammengeschlossen: Alfred-Wegener-Institut für Polar- und Meeresforschung, Gemeinde List, Landschaftszweckverband Sylt, Nationalparkamt Schleswig-Holsteinisches Wattenmeer, NABU Schleswig-Holstein, Naturschutzgemeinschaft Sylt, Schutzstation Wattenmeer, Söl'ring Foriining und Verein Jordsand.

Das Zentrum will für Vielfalt, Schönheit und Schutz der Insel Sylt und den Nationalpark Wattenmeer begeistern, die Bedeutung von Naturgewalten erlebbar machen und aktuelle Meeresforschung vermitteln. Die Besucher erwartet eine Ausstellung mit spielerischer Wissensvermittlung und vielen interaktiven Elementen. Besondere Angebote sind für Kinder und Jugendliche vorgesehen. Die Ausstellung besteht aus vier Themenbereichen: »Klima und Klimaforschung«, »Kräfte der Nordsee «, »Dynamik des Lebens« und »Leben mit Naturgewalten«.

In einem europaweiten Wettbewerb wurde der Architekturentwurf des Husumer Büros Johannsen und Fuchs ausgewählt. Die Ausstellungsflächen erheben sich über den Boden und symbolisieren durch ihre unregelmäßige Form die Bewegung von Wellen und die Kraft der Naturgewalten. Eine „Wetterstation“ auf dem Dach eröffnet den Blick über die gesamte Landschaft.

Weitere Informationen erhalten Sie in unserer InfoBox am Lister Hafen (siehe Seite 86) und auf unserer Internetseite **www.muez.de**. Kontakt: Freundeskreis MUEZ e.V., Dr. Matthias Strasser, AWI-Wattenmeerstation Sylt, Hafenstraße 43, 25992 List, Tel. 0151 / 17 45 34 97, Fax 04651 / 95 62 00, E-Mail: **strasser@muez.de**.

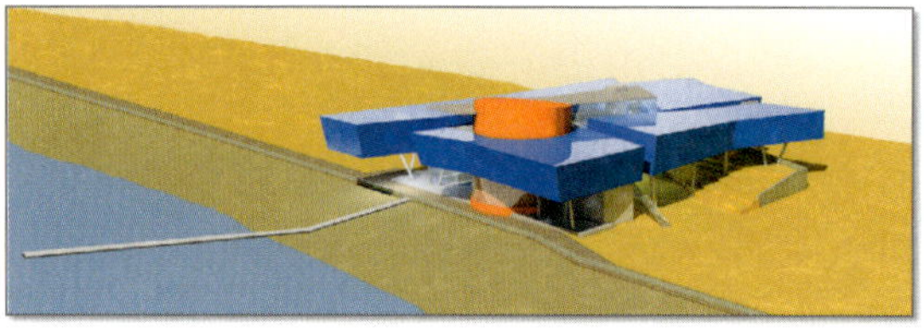

Wettbewerbsgewinner: Architekturentwurf von Johannsen und Fuchs

Sie können sich an diesem einmaligen Projekt für Sylt beteiligen, indem Sie zum Beispiel einen Baustein für 200 Euro spenden und sich damit namentlich im Zentrum verewigen. Der Freundeskreis MUEZ ist als gemeinnütziger Verein anerkannt und Spenden sind von der Steuer absetzbar: Freundeskreis MUEZ, Nord-Ostsee-Sparkasse, BLZ 217 500 00, Kontonummer 121 021 869.

Naturerlebnis-Angebote auf Sylt

1 InfoBox Erlebniszentrum Naturgewalten

Direkt am Lister Hafen, gleich gegenüber von Gosch, steht die InfoBox des in Planung befindlichen „Erlebniszentrum Naturgewalten". Zusätzlich zur Ausstellung in der InfoBox bietet der Freundeskreis MUEZ e.V. in Kooperation mit dem NABU weitere Angebote an: Watt-, Dünen- und Vogelführungen, Listlandwanderung, Vorträge und Rallyes. Tel. 04651 / 8 89 22 38 oder 04651 / 8 36 23 75.
www.muez.de

2 Adler-Schiffe und Gret Palucca

Am Lister und Hörnumer Hafen sind die Adler-Schiffe zu Hause. In List im Angebot sind Fahrten zu den Seehundsbänken mit Seetierfang auf dem Kutter „Gret Palucca" (1,5 Stunden) und die Seetierfangfahrt mit der Adler VII (1 Stunde). Ab Hörnum geht es zu den Seehundsbänken mit Seetierfang mit der Adler VI (1,5 Stunden). Tel. 04651 / 9 87 00.
www.adler-schiffe.de

3 Kampener Vogelkoje

Eine ehemalige Entenfanganlage aus dem 18. Jahrhundert mit Ausstellung und Naturlehrpfad erwartet die Besucher in der Kampener Vogelkoje der Söl'ring Foriining. Tel. 04651 / 87 10 77.
www.soelring-foriining.de

4 Denghoog

Das 5 000 Jahre alte begehbare Großstein-Grab „Denghoog" geht zurück auf einen Versammlungsplatz der jüngeren Steinzeit und ist neben der Friesenkapelle in Wenningstedt zu besichtigen. Tel: 04651 / 57 69.
www.soelring-foriining.de

5 Naturzentrum Braderup

Im Naturzentrum Braderup (M.-T. Buchholz-Stig 1) präsentiert die Naturschutzgemeinschaft Sylt eine spannende Ausstellung über Nordsee, Nationalpark Wattenmeer, Wale vor Sylt, Heide- und Dünenlandschaft sowie Küstenschutz. Regelmä-

ßig werden Watt-, Heide- und Strandwanderungen, naturkundliche Fahrradtouren und Kräutergartenführungen mit anschließender Teerunde durchgeführt. Abwechslungsreiche Vorträge, im Sommer jeden Donnerstag um 20 Uhr. Tel. 04651 / 4 44 21, www.naturschutz-sylt.de

6 Sylt Aquarium

In 25 Meerwasserbecken präsentiert das Westerländer Aquarium (Gaadt 33) über 2000 Fische aus Atlantik, Nordsee und den Tropen. Tel. 04651 / 8 36 25 22, www.sylt-aquarium.de

7 Altfriesisches Haus Keitum

Im Altfriesischen Haus in Keitum (Am Kliff 13) zeigt die Söl'ring Foriining originalgetreue Rekonstruktionen der Sylter Wohnkultur des 18. Jahrhunderts sowie Mobiliar aus vergangenen

Zeiten. Tel. 04651 / 3 11 01, www.soelring-foriining.de

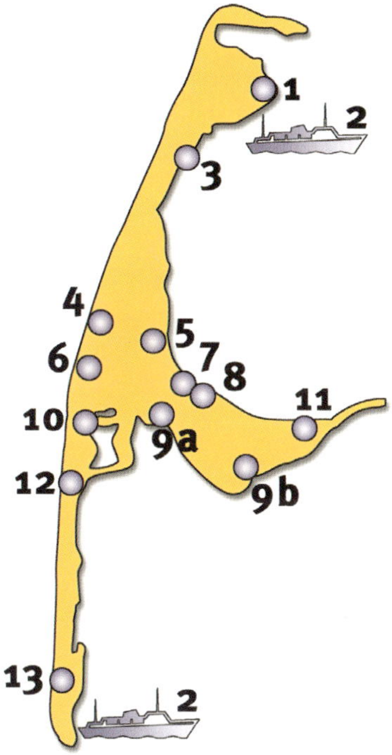

8 Heimatmuseum Keitum

Ebenfalls von der Söl'ring Foriining betrieben wird das Heimatmuseum Keitum (Am Kliff 19), nur wenige Meter vom Altfriesischen Haus entfernt. Das Museum zeigt die Sylter Archäologie, Geologie und Geschichte bis etwa 1850. In einer Galerie werden wechselnde

Ausstellungen zeitgenössischer Künstler gezeigt. Tel. 04651 / 3 16 69. www.soelring-foriining.de

9a Schöpfwerk Keitum, 9b Morsum Odde

In den Außenstellen der Schutzstation Wattenmeer bekommen Sie im Sommerhalbjahr Informationen direkt vom Vogelwart am Deich. Die Station am Schöpfwerk Keitum bietet Watt-

führungen, vogelkundliche Wanderungen und naturhistorische Deichwanderungen an. Tel. 04651 / 88 10 93.
www.schutzstation-wattenmeer.de

10 Eidum Vogelkoje

In Rantum betreibt der Verein Jordsand die ehemalige Entenfanganlage aus dem 19. Jahrhundert mit einem Informationszentrum. Von hier aus starten auch naturkundliche Führungen zum Rantum-Becken. Tel. 04651 / 58 12.
www.jordsand.de

11 Infopavillon Morsum-Kliff

Die Naturschutzgemeinschaft Sylt e.V. betreut das Naturschutzgebiet „Morsum-Kliff" und bietet im Sommerhalbjahr Morsum-Kliff-Führungen mit geologischen und naturkundlichen Inhalten an. Tel. 04651 / 4 44 21.
www.naturschutz-sylt.de

12 Wattwerkstatt im ADS-Schullandheim

Die Arbeitsgemeinschaft Deutsches Schleswig und die Schutzstation Wattenmeer betreiben im ADS Schullandheim (Am Torbogen 7, Rantum) gemeinsam eine Wattwerkstatt. Neben der Ausstellung werden hier Wattführungen, Salzwiesenexkursionen, Vogelexkursionen, Seetierfangfahrten ab Hörnum, nächtliche Naturerlebniswanderungen, Diavorträge sowie Spiel- und Bastelaktionen für Gruppen angeboten. Tel. 04651 / 92 61 70 oder 04651 / 92 61 20.

13 Info-Zentrum der Schutzstation Wattenmeer

In Hörnum befindet sich das naturkundliche Info-Zentrum der Schutzstation Wattenmeer mit einer Naturschutzausstellung und Meeresaquarien

(Bushaltestelle „Steintal"). Angeboten werden auch Watt-, Dünen- und Salzwiesenführungen, vogelkundliche Wanderungen, Strandwanderungen um die Südspitze der Insel und Diavorträge. Tel. 04651 / 88 10 93.
www.schutzstation-wattenmeer.de

Weitere Angebote

Darüber hinaus werden auf Sylt zahlreiche weitere Natur- und Kulturführungen von ausgewiesenen Experten angeboten. Unter www.sylt-fuehrung.de bekommen Sie eine umfassende Aufstellung über Wattwanderungen, Strandwanderungen,

Heidewanderungen, Dünenwanderungen, geologische Erkundungstouren, Klimaführungen, Küstenschutzführungen, Walderkundungstouren, ornithologische Führungen, Stadtführungen in Westerland, Dorfführungen, Kirchenführungen, Museumsführungen, Denghoogführungen, archäologische Führungen, Leuchtturmführungen, Inselrundfahrten und Lichtbildvorträge.

Multimar Wattforum

Das größte Informationszentrum für den Nationalpark Wattenmeer, das Multimar Wattforum, befindet sich in Tönning auf dem Festland. Mehrere Großaquarien und interaktive Ausstellungselemente veranschaulichen eindrucksvoll die sensiblen Zusammenhänge im Lebensraum Wattenmeer. Ein riesiges Pottwalskelett ist der Mittelpunkt des Walhauses der Nationalpark-Service gGmbH. Tel. 04861 / 96 20 0.
www.multimar-wattforum.de

Beantwortung der Fragen

Folgende Personen haben die Fragen beantwortet:

DR. HARALD ASMUS, Seiten 12, 16, Wattenmeerstation Sylt des Alfred-Wegener-Institutes für Polar- und Meeresforschung, Experte für die Ökologie von Fischen. E-Mail: Hasmus@awi-bremerhaven.de

DR. CHRISTIAN BUSCHBAUM, Seiten 6, 24, 28, 36, 42, 48, 50, 54, 68, 71, 72, 79, Wattenmeerstation Sylt des Alfred-Wegener-Institutes für Polar- und Meeresforschung, Experte für die Ökologie des Wattenmeeres. E-Mail: cbuschbaum@awi-bremerhaven.de

DR. MALTE ELBRÄCHTER, Seiten 4, 14, 51, Deutsches Zentrum für Marine Biodiversitätsforschung am Forschungsinstitut Senckenberg, Wattenmeerstation Sylt, Experte für toxische Algen. E-Mail: melbraechter@awi-bremerhaven.de

SABINE GETTNER, Seiten 31, 46, Büro Heinzel & Gettner – Biologische Gutachten & Planung, Expertin für Pflanzen der Nordseeküste. E-Mail: sgettner@t-online.de

PROF. DR. DIRK HEINRICH, Seite 78, Zoologisches Institut – Haustierkunde, Universität Kiel, Experte für Archäozoologie und die Verbreitungsgeschichte von Wirbeltieren. E-Mail: dheinrich@ifh.uni-kiel.de

CHRISTOPH HERDEN, Seite 59, GFN-Planungsbüro, Experte für Amphibien. E-Mail: c.herden@gfnmbh.de

BIRGIT HUSSEL, Seite 76, 77, 82, Wattenmeerstation Sylt des Alfred-Wegener-Institutes für Polar- und Meeresforschung, Expertin für Parasiten von Meeresvögeln und Vorkommen von Meeressäugern auf Sylt. E-Mail: Birgit.Hussel@awi-bremerhaven.de

Petra Kadel, Seite 21, Wattenmeerstation Sylt des Alfred-Wegener-Institutes für Polar- und Meeresforschung, Expertin für Algenkulturen. E-Mail: pkadel@awi-bremerhaven.de

Käpt‘n Corl, Seiten 37, 83
Carl Christiansen (1864 – 1937) war bis 1927 Kapitän auf der Fährlinie zwischen Munkmarsch und Hoyer. Nach Einstellung des Fährverkehrs sattelte er um und wurde Fremdenführer in Westerland. Die flotten Sprüche von Käpt‘n Corl sind bis heute legendär und der Grund dafür, dass die tägliche Plauderglosse auf den Lokalseiten der Sylter Rundschau seinen Namen trägt.

Martin Lange, Seiten 80, 81, Hobby-Archäologe, Vertrauensmann für Kulturdenkmäler auf Sylt, Experte für die Archäologie der Insel Sylt.

Dr. Arne Lüssen, Seiten 34, 52, 58, Biologe, wissenschaftlicher Berater und Freier Journalist. E-Mail: Arne.Luessen@uni-hamburg

Prof. Dr. Karsten Reise, Seiten 18, 20, 28, 36, 44, 52, 56, 62, 64, 66, 69, Leiter der Wattenmeerstation Sylt und Sprecher der Küstenforschung am Alfred-Wegener-Institut für Polar- und Meeresforschung. E-Mail: kreise@awi-bremerhaven.de

Roman Reske, Seiten 35, 57, Meteorologe und Stationsleiter der Lister Wetterstation des Deutschen Wetterdienstes. E-Mail: Roman.Reske@dwd.de

Iris Ruth Saeger, Seiten 30, 31, 61, Geografin, frei schaffende Journalistin, E-Mail: Iris_saeger@hotmail.com

Dr. Matthias Strasser, Seiten 4, 10, 13, 16, 18, 20, 24, 28, 32, 36, 40, 42, 44, 45, 46, 50, 59, 60, 64, 65, 66, 68, 70, 71, 76, 77, 78, 80, 81, 82, Wattenmeerstation Sylt des Alfred-Wegener-Institutes für Polar- und Meeresforschung, Projektleiter Erlebniszentrum Naturgewalten, E-Mail: mstrasser@awi-bremerhaven.de

Dr. David Thieltges, Seiten 23, 26, 38, 41, 62, 69, 74, Wattenmeerstation Sylt des Alfred-Wegener-Institutes für Polar- und Meeresforschung, Experte für die Ökologie des Wattenmeeres, E-Mail: dthieltges@awi-bremerhaven.de

Dr. Nils Volkenborn, Seite 8, Wattenmeerstation Sylt des Alfred-Wegener-Institutes für Polar- und Meeresforschung, Experte für die Ökologie des Wattwurms *Arenicola marina*. E-Mail: nvolkenborn@awi-bremerhaven.de

Sabine Wolf, Seite 54, Biologin und NABU Betreuerin des Schutzgebietes Nordsylter Wattenmeer, Expertin für Vögel, Robben und Schweinswale auf Sylt. E-Mail: swolf@awi-bremerhaven.de

Bildnachweis

Asmus, H. 17
Buschbaum, C. 5, 7, 18, 20, 28, 30, 36, 48, 53, 55, 58, 64 (r.), 65, 70 (r.), 71 (l.), 73, 77 (r.o.) 78, 79, 81, U4
Carr, SM. 23
Dommasch, G. 21
Drebes, G./ Halliger, H. 15
Elbrächter, M. 51
Fermer, J./ Strasser, M. 70 (l.)
Hussel, B. 76
Johannsen & Fuchs 84
Johannsen & Fuchs / Strasser M. 85
Kadel, P. 22
Krumbeck, H. 40
Küffner, S. 1
Lauenroth Fischfeinkost GmbH 33
Multimar Wattforum 66, 89
Nationalparkamt Schleswig-Holsteinisches Wattenmeer 77
NationalparkService gGmbH 50
Naturschutzgemeinschaft Sylt 87
O'Brien, B. 13
Oleschinski, G., Institut für Paläontologie Universität Bonn 39
Pfeiffer, G. 34, 60
Piel, K. / Kube, J. 35
Polte, P. 42
Reise, K. 9, 19, 25, 29, 43, 47, 49, 56, 57
Rheinländer, J. / Walensky-Schweppe, F. 63
Saier, B. 27
Schanz, A. 64 (l.)
Schleswig-Holsteinischer Zeitungsverlag 3, 4
Schutzstation Wattenmeer 88
Söl'ring Foriining 86 (2x), 87 (2x)
Strasser, M. 6, 12, 37, 44, 45, 59, 61 (2x), 67, 68, 71 (r.), 74/75, 80, 82, 86 (2x), 87, 88 (4x)
Teubner Foodfoto GmbH 11
Thieltges, D. 14, 31, 38, 41, 69,
Walensky-Schweppe, F. 8
www.syltfuehrung.de 89

Danksagung

Dieses Buch wäre nicht zu Stande gekommen, hätte es die zahlreichen Fragesteller nicht gegeben. Der Dank geht an

Monika Bach aus Neuss, Olga Barthels aus Friedrichstadt, Herr Beckmann aus Bayreuth, Hildegard Behrens aus Hamburg, Herr und Frau Bockheim aus Langenfeld, Christina Brüchmann aus Tinnum, Catharina Claus aus Mainz, Frau Drosse aus Bad Kreuznach, Frau Eckerle aus Mainz, Johanna Ernst, Finn Gandras aus Kampen, Walter Hansen aus Wedel, Jutta Hoffmann aus Hamburg, Karl-Heinz Jäger aus Offenburg, Jonah Johannsen aus Flensburg, Eva Kaletka aus Bremen, Klaus Ketelsen aus Klanxbüll, Herr Klumbies aus Berlin, Frau Knackstedt aus Köln, Regina Knutzen aus Bordesholm, Marlis Lauen aus Heidelberg, Franziska Lensky aus Hamburg, Werner Lösbrinck aus Berlin, Helge Marquardt aus Bremen, Renate Meeuwsen aus Wyk/Föhr, Tobias Meinrenken aus Düsseldorf, Clemens Menzel aus Uffenheim, Andrea Neumann aus Hamburg, Britta Noll aus Lüneburg, Frau Overbeck aus Hamburg, Frau Petersen, Karla Pfeiffer aus Westerland, Ursula Pieloth aus Rantum, Dörte Poszig aus Husum, Felix Prokoph aus Hamburg, Horst Osten aus Duisburg, Stefan Radnick aus Husum, Ilse Reincke aus Karlsruhe, Renée Yvonne Rollinger aus Saarbrücken, Frau Sahlstedt aus Gifhorn, Frau Schewe aus Gritzau, Manfred Schmidt aus Tinnum, Miriam Schneider aus Goslar, Philipp Standera aus Braderup, Renate Stolpe aus Oldenburg, Hanspeter Stüven aus Bielefeld, Tina Teschner aus Bamberg, Bernd Thomsen, Frau Wahlrich aus Friedrichstadt, Maik Wächter aus Celle, Helma Wiese aus Hamburg, Sabine Wolf aus List und die Klasse 6-9 der Pestalozzischule Westerland. Für letzte Korrekturen danken wir Christina Brüchmann.

Dank gebührt auch dem Journalisten und Grafiker Frank Walensky-Schweppe aus Hamburg, der die Entstehung dieses Buches über Monate begleitete und viele Arbeitsstunden in sein Zustandekommen investiert hat. Änderungen an Texten erreichten ihn nicht selten mitten in der Nacht, aus mäßigen Bilddateien zauberte er für den Druck optimiertes hochwertiges Material.

Index

Matthias Strasser, Christian Buschbaum,
Karsten Reise, David Thieltges
Warum ist die Scholle platt? Sylt und das Meer –
Fragen und Antworten rund um die Nordsee

1. Auflage 2005

Freundeskreis MUEZ e.V.
c/o AWI-Wattenmeerstation Sylt
Hafenstraße 43 | 25992 List
info@muez.de | www.muez.de

Redaktion: Matthias Strasser, Christian Buschbaum, Karsten Reise,
David Thieltges, Iris Ruth Saeger, Frank Walensky-Schweppe

Gestaltung: Frank Walensky Schweppe | www.lingovision.de

Druck: Druckhaus Leupelt GmbH & Co KG, Weding

ISBN 3-00-017762-0